걷지 못해도
나는 날마다 일어선다

걷지 못해도 나는 날마다 일어선다

초판 1쇄 인쇄일 2024년 1월 18일 ● 초판 1쇄 발행일 2024년 1월 23일
지은이 이소희
펴낸곳 도서출판 예문 ● 펴낸이 이주현
책임편집 김유진 ● 일러스트/ 표지 디자인 유혜지
등록번호 제307-2009-48호 ● 등록일 1995년 3월 22일 ● 전화 02-765-2306
팩스 02-765-9306 ● 홈페이지 www.yemun.co.kr
주소 서울시 강북구 도봉로37길28, 3층

ISBN 978-89-5659-477-4
ⓒ 이소희, 2024

휠체어를 탄 변호사 이소희의 **단단한 마음의 기술**

걷지 못해도
나는 날마다 일어선다

이소희 지음

누구에게나
정답은 있다

인생이 계획한 대로만 흘러가지 않는다는 건 일곱 살만 넘어도 눈치챌 수 있다. 그래도 설마 설마 하다가 스무 살이 지나고, 본격적으로 사회에 뛰어들면 그것이 얼마나 진실인지 실감하게 된다. '그렇구나, 뭐 하나 정말 생각한 대로 되지 않는구나.'

내 경우엔 그 실감이 보통보다는 조금 빨랐던 것 같다. 열다섯 살 때 일이었다. 수술이 무리 없이 잘 될 거라는 의사 선생님의 말씀에 수술대 위에서 눈을 감았다가 뜨고 나니,

나는 걸을 수 없게 되어 있었다.

원래는 굽은 척추를 펴기 위한 수술이었다. 허리가 펴지면 키도 조금 더 커지리라 기대했는데, 다시는 일어설 수 없게 된 것이다.

재활도 그야말로 '빡시게' 했다.

한때 육상을 권유받기도 했던 나다. 운동에 자신이 있었던 만큼이나 재활도 자신했다.

난생처음 무수한 좌절과 엄청난 고통을 '1년이면 될 거야, 2년이면 되겠지, 3년이면…. 그래, 3년이면 차도가 있지 않을까?'라는 희망과 기대로 참아냈다. 그러나 결과는 무산. 노력은 수포로 돌아갔고, 나는 다시 걸을 수 없었다.

인생은 정말로 계획한 대로만 흘러가지 않는다. 그렇지 않은가?

그렇게 나는 졸지에 '휠체어 탄 여자애'가 됐지만, 덕분에 고통이 사람을 단단하게 만들고, 결핍은 오기와 투지의 동기가 될 수 있다는 걸 알게 됐다.

물리적으로 일어나서 뛰지는 못해도, 주어진 한계를 뛰어넘기 위해 달려야 할 레이스에서 질주하는 방법을 배울 수 있었다. 원하는 것을 얻기 위해 악착 같이 공부하며, 나름의 공부법을 터득할 수 있었다. 무엇보다 나의 에너지를 긍정으로 팽창하는 방법을 정말 열심히 연구했다.

나 자신을 지켜내고, 나아가 나대로 사는 법을 지금도 매일 깨우치는 중이다.

○ ● ●

때로 '인생 뭐 있나'라는 말에 자포자기가 아닌, 인생이 생각대로만 흘러가지 않는 데 대한 수긍이 담길 때가 있다. 보통 뜻하지 않은 일을 맞이한 경우다. — 어차피 결과는 장담할 수 없다. 별 거 있나, 해 보는 거다.

원하는 게 있다면 혹은 기회가 온다면 몇 번이고 도전해 봐도 좋다는 초연한 격려의 뜻이 '인생 뭐 있나'라는 말속에 담겨 있다.

'하늘이 무너져도 솟아날 구멍이 있다.'

이 속담에는 인생의 상수와 변수에 대한 통찰이 들어있다. 상수常數, 항상 같은 수는 우리가 통제할 수 없는 것, 변수變數, 변하는 수는 우리가 통제할 수 있는 것이다. 하늘이 무너지는 것, 즉 인생에 찾아오는 시련은 통제할 수 없는 상수다. 그러나 솟아날 구멍은 내가 찾으면 되는 변수다. 다시 말해 사람에 달린 것이다.

인생이 예상과 다르게 흐르고 계획한 바와 결과가 달라지는 것은 상수다. 살다 보면 누구나 그런 일을 겪고, 나 또한 예외일 수 없다. 그러나 나 자신이라는 변수가 있다. 나라는 변수로 솟아날 구멍을 찾으려면, 나아가 도약할 기회를 찾으려면 나 자신의 내적 힘과 가능성에 집중해야 한다.

'하늘이 무너져도 솟아날 구멍이 있다'란 이 클리셰 같은 말속엔, 나만 굴하지 않는다면 결국 방법은 있다는 희망과 용기가 담겨 있다.

○ ● ◗

"인생 뭐 있어, 원하는 대로 살아 보자. 하늘이 무너져도 방법은 있다."

이 책은 세상이 끝난 듯 울었던 어느 날 밤, 열일곱의 나에게 보내 주고픈 격려의 메시지다. 어디도 받아주는 곳이 없어 고민하던 서른 살 무렵의 나에게 보내는 위로의 메시지이기도 하다.

그리고 나와 비슷한, 각자 삶에서 어떠한 시련과 좌절을 겪고 있는 분들에게도 같은 메시지를 전달하고 싶다.

사실 별다를 것 없는 이야기이지만 잠시나마 여러분의 심장을 뛰게 하고, 내면의 힘을 찾는 데 도움이 되길 바란다. 어떤 상처가 있든, 다시 무언가 시작하고픈 열망으로 가득 차서 새로이 일어서는 계기가 된다면 좋겠다.

나아가 이 책을 덮는 순간 도전의식으로 충만해져서 하고 싶은 일, 원하는 목표, 나다운 삶을 찾아나가기로 마음먹게 된다면 더할 나위 없겠다.

정말로 단 한 명의 독자에게라도 미약하나마 동력이 되는 책이 되길 간절히 희망한다.

나는 절대 특별한 사람이 아니다. 이런 나의 이야기라도 어쩌면 누군가에게 약간의 희망이 되지 않을까라는 작은 기대를 품고 졸저를 펴낸다.

주저앉고 싶을 때, 이 책이 당신의 인생에 손 내밀어주는 옆집 언니, 아는 누나 같은 존재가 될 수 있길 바라는 마음이다.

끝으로, 이 책을 내게 해준 두 사람, 김유진 대표와 류제화 변호사에게 깊은 감사의 마음을 전한다.

2024년 1월

이소희

목차

제1장 걷지 못하지만, 나는 날마다 일어선다
---------- 나의 이야기

제2장 괜찮지 않아도, 괜찮다
---------- 변화의 시작

제3장 뛰는 심장으로, 오늘도 세상을 향해 크게 점프!
---------- 멘탈의 힘 키우기

제4장 내 인생, 매일 떠오르는 태양처럼 빛나도록
---------- 성장의 루틴 만들기

제5장 살아숨쉬는 한, 도전은 언제나 옳다
---------- 나를 증명하는 법

기능의
상실은
나를
물리적으로 일어서지 못하게 만들었지만,
———

걷지
못하지만,

나는 날마다 일어선다

제1장

———
반대로
내 인생을
매일
일으켜 세우는 지양분이 되었다

링컨 차를 타는 변호사가 아니라, 휠체어를 타는 변호사입니다

세상이 바라보는 나의 정체성은 다음과 같다. '삼십 대 후반의 여성, 하반신 마비 장애인, 그리고 변호사.' 적어도 겉으로 보이는 나는 이 세 마디로 표현되곤 한다.

정말 간결하지 않은가? 삼십 대 후반의 여성 변호사는 많겠지만, 그중 하반신이 마비된 이는 흔치 않을 테니 저 세 마디가 나의 특수성을 어느 정도 드러내 준다는 생각도 든다.

짐작하겠지만 나는 휠체어를 타는 여성 장애인이며, 세종시에서 개업 변호사로 일하고 있다.

물론 가끔은 억울하기도 하다. 나라는 사람은 저렇게 단순한 레이어로 이루어진 사람이 아닌데 말이다. 모든 사람이 마찬가지겠지만, 그리고 비록 길지 않은 삶을 살았지만 나의 이야기 또한 복잡하고 다층적으로 이루어져 있다.

○ ● ◐

앞서도 말했듯 나는 열다섯 살에 하반신의 기능을 잃었고, 물리적으로 일어나지 못하게 되었다. 그러나 장담하건대 그로 인하여 내 인생의 레이어는 나이에 비해 훨씬 더 두껍게, 깊이 쌓여 왔다고 생각한다.

상처 위에 슬픔이, 슬픔 위에 고통이, 고통 끝에 극복이, 그 위에 때론 또다시 실망과 절망이, 가끔은 크고 작은 성취의 기쁨과 희열이 차곡차곡 층을 이루며 쌓였다. 그렇게 어지간해서는 뚫리지 않는 두께를 만들었다.

옛날 사람들은 종이로 갑옷을 해 입었다. 종이를 여러 겹으로 겹치고, 그것을 가열하고 칠하여 단단한 판을 만들어서 칼이나 창으로 쉽게 관통되지 않는 갑옷을 만들었다.

우리의 경험도 마찬가지다. 우리가 매일 세상에서 경험하는 일들과 희로애락의 감정을 종잇장에 비유하자면, 자기 훈련과 공부(그것이 어떤 종류의 공부이든)는 그것을 단단한 판으로 단련하는 과정과 같다. 우리는 매일 우리만의 갑옷을 만들어가고 있는 것이다.

사고가 생겼을 때, 나는 한창 질풍노도의 사춘기였고 그래서 상당히 복합적으로 불행을 경험할 수 있었다. 정말 다채로운 감정과 경험의 페이지가 내 안에 무수히 쌓였다.

○ ● ○

"어떻게 변호사가 되셨어요?"

이런 질문을 하는 분들을 가끔 만나면, 나는 대답한다.

"로스쿨 졸업하고, 시험 봤습니다."

그러면 대부분이 "아, 네…"하며 말끝을 흐리지만, 종종 호기심이 넘치는 분들도 있다. 집이 부자이거나, 원래 머리가 좋았냐라는 것이다.

우리 집이 어마무지 잘 사느냐 묻는다면, 그건 아니다. 머리는 당연히 나쁘지 않았지만, 그렇다고 굉장히 뛰어난 수재는 아니었다.

몸은 불편해도 변호사이니, 합격한 후에는 그래도 일이 잘 풀리지 않았겠느냐, 지레짐작하는 분들도 적지 않다. 그 또한 예상과 달랐다. 휠체어를 타는 변호사에게 취업이란 너무나도 높은 벽이었던 것이다.

로펌에 취업 문을 수없이 두드렸으나 번번이 실패했다. 한 번은 변호사 시험에 붙은 직후였고, 그다음엔 공기업을 나와 다시 취업 시장에 도전했을 때였다. 실무 경험을 쌓으면 그래도 상황이 달라질 줄 알았는데, 짧지 않은 4년의 경력을 쌓았지만 여전히 로펌의 벽은 높았다.

다른 로스쿨 동기들처럼 재판에 나가고, 의뢰인을 변호하기 위해 변론을 하는 평범한 변호사가 되고 싶었을 뿐인데 세상은 내게 호락호락하지 않았다.

그렇게 내 안의 갑옷은 매일 두께를 더하였으니, 이 모든 이야기의 시작으로 돌아가지 않을 수 없겠다.

엄마는 때밀이 실력이 아주 좋았다. 엄마와 함께 목욕을 하고 나면 몸이 날아갈 듯 가볍고 개운했던 기억이 난다. 농사를 지으시다 보니 바빠서 자주 함께할 수는 없었으나, 엄마와 목욕하는 날은 하루 내내 즐거웠다.

초등학교 5학년의 어느 날.

그날도 엄마와 목욕을 했다. 그런데 엄마가 자꾸 나를 채근하시는 거였다.

"똑바로 좀 앉아 봐!"

이미 꼿꼿이 앉아 있는데, 자꾸 똑바로 앉으라니. 나는 볼

멘 목소리로 "똑바로 앉았는데…" 항변하며, 오른쪽으로 왼쪽으로 몸을 틀며 최대한 허리를 곧게 세우려고 했다. 그렇지만 엄마의 요구는 계속되었고, 엄마는 "이상하네"라는 말을 되풀이하면서 내 허리와 등을 이리저리 만져보다 '아무래도 등이 휜 것 같다'는 결론에 다다르셨다.

엄마 나름의 촉진손을 사용하여 질병을 진단하는 것은 옳았다. 곧장 찾아간 동네 병원에서 '척추측만증'이란 진단을 받은 것이다. 병원에서는 "여기서는 치료가 어려우니 대학 병원을 가보는 게 좋겠어요"라고 권했다.

척추측만증은 척추가 기형적으로 휘는 병이다. 정면으로 뼈 엑스레이를 찍으면 대부분은 척추가 일자로 반듯하지만, 척추측만증 환자는 척추가 C자 또는 S자로 휘어져 있다. 요즘은 척추측만증이 많이 알려져서, 직접적으로든 미디어를 통해서든 휘어진 모양의 척추 엑스레이를 본 적이 있는 분도 많을 것이다.

척추측만증의 원인은 아직까지 정확히 알려져 있지 않으며, 1천 명의 아이들 중 서너 명은 전문적인 관리를 필요로 한다영국 척추측만증 협회. 추측이지만, 내 경우 초등학교 4학년에서 5학년으로 올라가는 동안 15센티미터 이상 키가 컸다. 그 과정에서 뼈와 근력이 버티지 못했던 것 아닐까 싶다.

척추측만증은 그 정도에 따라 관리와 치료가 필수적인 질병으로, 죽을병은 아니지만 생각만큼 간단하지는 않다.

당시 나는 운동과 보조기구 착용을 병행하는 치료를 받았는데, 그 보조기구란 것이 딱 사극에 나오는 갑옷 같았다. 척추가 더 이상 휘지 않게 플라스틱으로 만든 갑옷을 입는 것이었다. 골반까지 교정해야 하므로, 가슴 윗부분부터 골반 살짝 아랫부분까지 몸 전체를 보조기구로 감쌌다.

여름이면 땀띠로 고생하는 것은 일상이었고, 보조기가 몸을 압박하면서 피부가 짓무르는 경우도 비일비재했다.

무엇보다 운동을 좋아하는 나에게 보조기는 엄청난 방해꾼이었다. 시골에서 자라며 나는 어려서부터 친구들과 함께 산으로, 들로 뛰어다니며 놀았다. 바람을 가르며 뛸 때의 상쾌함이 좋아 운동 중에서도 달리기를 가장 좋아했었다. 중학교 때 체육 선생님이 육상 선수를 권할 정도로 잘 달리기도 했다.

물론 보조기를 착용하더라도 걷는 데는 지장이 없다. 그러나 나는 얌전히 걷기만 하는 아이가 아니었다. 뛸 때마다 보조기에 골반이 부딪혀서 고통스럽고, 자유롭게 뛰지 못해 힘들었다.

○ ● ○

처음에는 휜 정도가 심하지 않았다. 의사 선생님은 일찍 발견해서 다행이라며, 보조기를 착용하고 정기적으로 검사를 받을 것을 권유했다. 성장기였던 만큼, 키가 자라면서 척추가 더 휠 가능성이 컸기에 보조기 착용은 불가피했다. 허리 근력이 약해지지 않도록 운동 치료도 병행했다. 다행히 별도의 통증이나 약물, 주사 치료는 필요하지 않았다.

초기에는 치료가 효과를 보였다. 30도 중반으로 휘어 있던 척추가 20도 후반으로 개선되었고, 이대로라면 빠른 회복을 기대할 수 있을 것 같았다.

그러나 인생은 언제나 예상대로만 흘러가지 않는다. 계속 자라는 키에 비례하여 척추의 휘어짐도 더 심해져서, 허리 근력만으로는 그것을 감당하기 어려워졌다. 외관상으로도 눈에 띄게 문제가 심각해졌고, 장기 손상과 근육통이 심해질 위험까지 커져 결국 수술을 결정하게 되었다.

인생이 송두리째 바뀌었다,
상상조차 하지 못했던 방식으로

열다섯 살 12월 겨울, 나는 수술을 하기 위해 서울로 향했다. 수술에 대한 두려움보다는 기대감이 훨씬 컸다.

'수술하고 나면 허리가 곧게 펴지겠지? 키도 5센티는 더 클 거야.' 상상하며 설레기까지 했다. 병원에 입원한 후, 큰 바늘을 꽂아 피를 뽑을 때도, 링거를 맞을 때도 '이 정도야, 순간의 아픔이지'라고 생각했다.

그날에 대한 내 기억은 수술대에 올라 마취하던 순간까지다. 중환자실에서 눈을 뜨고 정신을 차릴 때까지의 상황은 나중에 부모님께 들었다. 부모님의 말씀에 따르면, 수술에 들어간 지 5시간 만에 의사 선생님이 수술실에서 나오셨다고 한다. 그의 첫마디는 "어딘가 수술이 잘못된 것 같습니다. 발가락이 움직이지 않습니다"였다. 그 말인즉, 하반신에 마비가 왔다는 뜻이었다.

그 순간, 엄마는 너무 놀라 눈물도 나오지 않았단다. 그보다는 내가 깨어났을 때 무슨 말을 어떻게 해줘야 할지가 가장 걱정스러웠다고 했다.

○ ● ○

계속해서 하반신에 반응이 없자, 어떻게든 방법을 찾기 위해 당일 두 번의 수술이 더 이루어졌다. 출혈이 너무 심해 많은 양의 수혈을 받아야 했기에, 수술 후에도 긴장을 늦출 수 없는 상황이었다.

중환자실로 돌아왔을 때, 부모님이 본 내 모습은 총 세 번의 수술로 인해 얼굴이며 손이며 온몸이 퉁퉁 부은 상태였다. 두 분은 내가 깨어나기를 기다리며 계속해서 다리를 주무르고 또 주물렀다. 조금이라도 신경이 돌아오길 바라는 간절한 마음으로.

그러던 어느 순간, 눈을 뜬 나의 첫마디는 "엄마! 나 허리 많이 펴졌어?"였다.

달라졌을 내 모습을 상상하며 산소호흡기에 의지해 힘겹게 말하는 나를 보고, 부모님은 차마 말을 잇지 못한 채 자리를 비킬 수밖에 없었다.

○ ● ◐

지금 생각하면, 나도 참 눈치가 없었다 싶다. 하반신 마비가 되고 2주가 넘도록 나는 그 사실을 전혀 알아차리지 못했다. 중학생 시절 나는 지금 생각해도 천진하기 그지없었다.

어느 날은 의사 선생님이 배꼽을 만져보라고 하셨다. '내 배꼽은 여기 있지!'하고 손을 배로 가져갔는데, 한 번에 위치를 찾지 못했다. 떠듬떠듬 배 아랫부분을 만지며 결국 배꼽을 찾았는데 그때도 전혀 상태를 눈치채지 못했다. 꿈에도 상상조차 해본 적 없는 상황이었기에 더욱 그럴지 몰랐다.

내 주변엔 휠체어를 타는 친구도, 친척도 없었다. 휠체어 장애인은 TV에서나 보던 존재였다. 그렇기에 이것이 무엇을 설명하고 어떤 의미를 가지는지 전혀 몰랐다. 다리에 감각이 없듯, 내 뇌와 인지도 그와 관련된 감각을 가지고 있지 않았다.

○ ● ○

하반신 마비가 되면, 하반신이 있고 없고의 느낌 자체가 없어진다. 꼬집고 만지고 간지럽혀도 아무것도 느껴지지 않는다. 머리로 '내 발가락아, 움직여라!'하며 명령을 내려보지만 아무 일도 일어나지 않는다. 움직이지 않는 것뿐 아니라, 움직이는지 안 움직이는지 그 감각마저 없는 것이다.

당연히 모션이 있을 것 같은데, 쳐다보면 미동도 없다. 만져보면 내 다리임에도 나무토막 같이 느껴진다.

하체는 마비가 되어 아파도 고통을 못 느끼는 상태가 되었지만, 상체는 그렇지 않았다. 하루에도 몇 번씩 피를 뽑다 보니, 팔에 많은 바늘자국들이 생겼다. 익숙해질 법도 한데, 정맥 아닌 동맥에서 피를 뽑는 건 정말 죽을 맛이었다.

그뿐만이 아니었다. 어느 날은 갑자기 폐에 물이 차서 가슴에 관을 삽입하고 물을 빼내야 한다는 것이었다. 바늘도 아픈데 관이라니!

여전히 그때의 흉터들이 몸 곳곳에 남아있다.

중환자실은 하루 두 번밖에 면회가 되지 않았다. 그 모든 것을 혼자 견뎌내는 것도 힘든 일이었다. 가족들을 자주 볼 수 없고, 의료진도 부모님도 자세한 상황을 이야기해 주지 않으니 눈만 껌뻑이며 지내는 수밖에 없었다.

그렇게 중환자실에서 3주 동안을 앉지도 못하고 내리 누워만 있었다. 씻지도 못해 머리는 떡이 되었다. 금식 기간이 길어지며, 혼자 이것저것 먹는 상상을 하다 보니 멸치가 다 먹고 싶어질 지경이었다. 왜 하필 멸치였는지는 지금도 도무지 모르겠다.

그렇게 오랜 금식이 끝난 후, 처음으로 먹은 것이 귤이었다. 전혀 기억나지 않지만 아기 때 태어나서 처음 귤을 먹는 기분이 이렇지 않았을까 싶을 정도로 맛있었다. 그래서인지 나는 아직도 과일 중 귤을 가장 좋아한다.

○ ● ◐

입원한 지 보름이 거의 다 되어갈 시점이었다. 그즈음 내 머릿속은 한 가지 기대로 가득 차 있었다.

'분명 의사 선생님이 크리스마스 전후로 꼭 퇴원시켜 주겠다고 약속하셨는데…'

그러나 그 약속은 지켜지지 않았다. 크리스마스 날까지도 나는 중환자실에 있었다. 그해 성탄절은 하필이면 화이트 크리스마스였다. (거의 20여 년 전의 일인데도 여전히 기억이 생생하다.) 창가 자리여서 병원 침상에 누운 채, 창밖으로 눈발 날리는 밤하늘을 바라보았다.

그날이 단지 화이트 크리스마스여서 기억에 남은 것만은 아니다. 태어나서 처음으로 부모님이 우는 모습을 보았던 것이다. 무뚝뚝한 경상도 부모님의 눈물을 지켜보면서도 나는, 그때까지도 그 눈물의 이유를 알지 못했다. 그렇게 영문도 모르면서 나 역시 덩달아 눈물을 삼켰다.

견디는 삶에서
이기는 삶으로

일반 병실로 옮긴 지 얼마 후, 전혀 움직이지 않을 줄 알았던 발가락이 미세하게, 정말로 아주 미세하게 움직이기 시작했다. 의사 선생님은 신경 손상이 커서 다시는 움직이지 못할 줄 알았다고 하셨다. 내게 기적 같은 일이 일어난 것이다.

이제 내가 해야 할 일은 이 작은 움직임을 어떻게든 끌어올려 다시 다리를 움직이게 하는 것이었다.

마비된 몸을 일으키기 위해 재활치료에 돌입했다.

재활의 목적은 두 가지였다. 조금이라도 몸을 다시 예전처럼 움직이게 하기 위한 것이 하나, 그리고 달라진 몸에 적응하기 위한 것이 하나.

재활 치료는 체계적으로 진행됐다. ― 하루를 오전, 오후, 저녁으로 3등분 한다. 오전 9시, 치료실에 내려가 재활훈련을 한다. 오전 11시 반, 병실로 올라와 점심을 먹는다. 오후 1시 반, 다시 치료실로 내려가 4시 반까지 치료를 받고 병실로 올라온다. 잠시의 휴식 후 저녁 식사를 하고, 이제는 병실에서 스스로 재활훈련을 시작한다.

그만큼 다시 뛰고 싶은 마음이 간절했다.

저녁 프로그램은 스스로 짰다. 할 수 있는 운동 항목을 찾아서 체크리스트를 만들었다.

처음에는 할 수 있는 운동이 정말 몇 개 없었다. 하지만 몸이 점점 나아지면서 안전 바 잡고 앉았다 일어났다 반복하기, 30분 쪼그려 앉아 있기, 목발 짚고 한 시간 이상 걷기 등을 할 수 있게 되었다. 여기까지 오는 데 많은 시간이 걸렸지만 굴하지 않고, 어떤 운동을 하루 몇 분, 몇 개를 했는지 확인하며 매일매일 훈련 강도를 높여갔다.

재활을 한다고 해서 몸이 꾸준히 계속해 좋아지는 것은 아니다. 마치 계단식으로, 어느 순간에는 급속도로 좋아지다가 갑자기 침체기를 겪게 된다. 그런 상황들이 계속해서 반복됐다.

그럴 때는 정말 몸도 마음도 무너지는 듯했다. 재활을 중도에 그만둘 수는 없으니, 지속적으로 훈련할 수 있는 방법을 강구해야 했다. 그래서 만든 방법이 체크리스트이다. 나만의 체크리스트를 만들었는데, 이를 통해 몸 상태를 점검하는 것은 물론이고 목표치를 해냈다는 작은 성취감을 가짐으로써 꾸준히 재활훈련에 임하는 동력을 얻을 수 있었다. (이 체크리스트 방법은 나중에 일상과 공부 루틴에도 적용되어서 효과를 보았다. 자세한 방법은 뒤에서 기술하겠다.)

○ ● ○

한편, 마음에도 재활이 필요했다. 재활치료는 사람을 들었다 놨다 할 때가 많았다. 몸도 힘들지만, 심적으로도 사람을 많이 지치게 만든다.

'왜 하필 내게 이런 일이 생겼을까?'

정말 수도 없이 스스로에게 물었다.

'인생은 권선징악이라고 배웠는데, 내가 뭘 그렇게 잘못한 거지?'

불과 열여섯의 나는 끊임없이 되뇌고 또 되뇌었다. 생각의 파도가 넘실댈 때면 원망도 들고, 그리움이 밀려들기도 했다.

나를 집도한 의사가 밉다가도 그게 다 무슨 소용인가 싶었다. 그러다 보면, 아침이면 등교하고 친구들과 놀다 집에 돌아와 씻은 후 내 방에 눕는 그런 일상이 그리워져 눈물이 났다. 지금 내 상황을 받아들이고 내가 할 수 있는 일에 집중하자고 생각하면서도, 가끔 울컥하는 마음은 어쩔 수 없었다.

한 번은 휠체어에서 병원 침대로 옮겨가다 넘어졌는데, 눈물이 왈칵 나오는 것이었다. 평소 잘 울지 않았던 나인데, 한 번 울음이 터지자 멈출 수가 없었다. 거의 한 시간가량을 울었다. 마음속으론 '우는 것도 참 힘들구나' 싶어서 그만 울고 싶은데도, 고장 난 수도꼭지마냥 눈물이 쏟아졌다.

'내가 울면 엄마 아빠도 힘들어지니까 꾹 참아야지' 했지만 닫아놓았던 눈물샘의 둑이 터지자 걷잡을 수 없었던 것 같다. 내 몸이 내 뜻대로 움직이지 않는 서러움과 고통이 한꺼번에 터져 나온 날이었다.

○ ● ◐

강도 높은 재활훈련을 계속하며, 어느덧 병원 안에서 3년이라는 시간이 흘렀다.

손에는 엄청난 굳은살이 생겼다. 매일 매 순간 땀에 젖어 있을 때가 많았다. 손이 거칠어졌고, 옷에는 땀냄새가 짙게 배어 있었다. 하지만 모두 내 노력의 징표라 생각하며 재활에 매진했다.

재활 초기에는 다리가 안 움직인 것은 물론, 허리에도 힘이 들어가지 않아 무엇을 잡지 않고서는 혼자 앉아 있기조차 힘들었다. 1년 여가 지났을 때는 무언가 잡고 서 있을 정도가 되었다. 2년 정도의 시간이 흐른 뒤엔, 비록 느려도 목발을 짚고 한 발 한 발 내디딜 수 있었다.

그리고 3년째, 나는 퇴원을 결심했다.

혼자 설 수 있다면
홀로 서기도 문제없어

퇴원은 순전히 나의 결정이었다.

하반신 마비가 된 후 제일 두려웠던 건, 평생 부모님의 인생을 저당 잡는 것은 아닐까 하는 점이었다.

꼭 장애인 자녀를 둔 부모만이 아니라, 세상 모든 부모의 목표는 결국 자녀의 자립일 것이다. 사고 당시 나는 어렸기 때문에, 병원 생활 3년 내내 부모님이 곁에서 지켜주셨다.

그런데 병원은 서울에, 우리 집은 경상도에 있었다. 우리 가족은 하는 수없이 이산가족이 되어야만 했다. 주로 엄마가 병실을 지켰고, 엄마가 일이 있을 때는 아빠와 교대하거나, 두 분 다 병실에 계실 수 없는 날에는 간병인이 왔다.

○ ● ○

그날도 두 분 모두 일이 있어 간병인에게 부탁해야 하는 상황이었다. 부모님께 내가 먼저 말씀드렸다.

"이번에는 저 혼자 있어 볼게요. 지금 정도 몸 상태면 혼자 있어도 괜찮을 것 같아요."

한번 시험해 보고 싶었다. 언제까지나 부모님과 함께 할 수는 없는 노릇이다. 재활훈련도, 씻는 것도, 밥을 먹는 것도 이미 혼자 할 수 있는 상황이니 간병인이 없어도 될 것 같았다. 게다가 당시엔 6인실 병동에서 지내며 친하게 지내는 환자분들과 간호사 선생님들도 있었다. 별 문제없을 거라고 부모님을 안심시켰다.

그렇게 2주 정도의 시간을 부모님 없이 홀로 보냈다. 혼자 생활해 보니 정말 아무런 문제가 없었다. 혼자 지낸 시간이 내심 뿌듯하기까지 했다.

부모님과 함께 있을 때는 홀로 서는 것이 막연히 두렵게 느껴졌다. 하지만 막상 겪어 보니 나 스스로 할 수 있는 일이 많다는 것을 알게 되었고, 그때마다 자신감이 생겨났다.

이런 식으로 조금씩 시도하다 보면 혼자 사는 것도 가능하지 않을까, 라는 생각이 점점 커지기 시작했다.

○ ● ◉

막연한 두려움을 깨는 방법은 한 가지뿐이다. 실행에 옮기는 것. 실패할 수도 있지만, 시도하지 않으면 아예 앞으로 나아갈 수 없다.

물론 환자가 생활하기 편한 병원 안에서 혼자 생활해 본 것에 불과했으나, 머릿속으로 계속해서 시뮬레이션을 돌려보니 퇴원하더라도 문제가 없겠다는 결론에 다다랐다. 친구들 또한 이제 고3을 준비하며 각자의 미래를 향해 나아가고 있는 시점이었다.

'이제 나도 일상으로 돌아가도 되지 않을까?'

몸이 완벽하게 회복되지 않아 불편하긴 해도, 불행하다는 생각은 더는 들지 않았다. 지금의 몸 상태를 전제로 나의 인생 계획을 다시 설계하기 시작했다.

나의 객관적인 상황이 변하기 어려운 상수라면, 내가 변수가 되면 된다. 이른바 '큰 틀 전략'이다. 인생의 큰 틀을 세우고, 삶의 고정된 부분, 즉 상수를 받아들이고 그 안에서 내가 할 수 있는 최선의 선택을 찾기로 했다. 즉, 내가 변화시킬 수 있는 것을 찾아내어 죽든 살든 그 변수를 통해 목표를 이뤄내면 된다!

이런 생각이 들기 시작하니, 하루빨리 퇴원하는 것이 맞겠다 싶었다. 부모님께 전화해 퇴원하겠다는 의사를 밝혔고, 일주일 뒤 바로 퇴원을 했다.

그렇게 나는 장애를 극복의 대상이 아닌, 삶의 일부분으로 받아들였다. 불행한 사고와 그에 따른 결과 또한 내가 삶에서 수없이 마주치게 될 고난과 좌절 중 하나에 불과하다는 사실을 이해한 것이다.

　돌아보면, 이러한 관점의 변화 덕분에 '잘 견뎌내는 아이'에서 '결국 이기는 사람'으로 진화할 수 있었다고 생각한다. 그리고 지금도 나의 진화는 계속되고 있다.

3년의 재활,
3년의 공백으로 돌아오다

　달라진 몸으로 다시 일상을 살아내는 건, 매 순간이 도전이었다. 심지어 아주 사소한 일마저도.

　제일 큰 난관은 집 그 자체였다.

　우리 집은 시골에서 흔히 볼 수 있는 단독주택이다. 먼저 집에 들어설 때부터 5개의 계단이 존재한다. 계단을 오르고 나면 무거운 현관문을 밀고, 작은 문턱을 넘어서야 집 안으로 들어설 수 있다.

　집에 들어왔다고 끝이 아니다. 오래된 양옥집이라 문지방이 다른 집들에 비해 크고 넓었다. 밥을 먹으러 거실로 나가거나 필요한 걸 가지러 다른 방을 갈 때마다 문지방에 발이 걸렸다.

그래도 그건 문제 축에도 못 들었다. 밥은 엄마가 방으로 가져다줄 수 있고, 다른 방의 물건은 부모님께 부탁해도 되니까.

진정한 고난은 화장실에서 발생했다. 화장실은 최고 난이도의 장애물이었다. 넓은 문지방은 물론이고, 바닥이 좀 더 낮아져 추가로 턱이 생겨 있었다. 문턱에 발이 걸려 넘어지기 다반사! 그로 인해 몸은 이곳저곳 상처투성이가 됐다.

이처럼 작은 문턱 하나하나가 나에게는 극복해야 할 장애물이었다. 집안은 목발을 짚고 다니기에도, 휠체어를 타고 생활하기에도 쉽지 않은 구조였다.

병원에 있을 때는 장애인 편의시설이 잘 돼 있어 느끼지 못했던 불편함이 집에 오자마자 큰 도전으로 다가왔다. 슈퍼에 가거나 산책을 하는 것은 고사하고, 집 앞마당에 나가는 것조차 힘든 상황이었다. 집 밖으로 나서는 일 자체가 나에겐 큰 벽처럼 느껴졌다.

병원에서도 가끔 외출을 했지만 주변의 마트나 공원을 산책하는 정도였지 크게 다닐 일이 없었기 때문에, 일상으로 돌아오자 비로소 장애인의 삶이 실감 났다.

내가 지금도, 앞으로도 살아야 할 곳은 여기, 이곳이므로 적응이 필요했다. 물론 부모님이 옆에 계시기에 도움을 받을 수 있다. 하지만 내가 생각한 건강한 홀로 서기는 이런 것이 아니었다.

○ ● ○

퇴원하면 가장 하고 싶었던 일 중 하나가 친구들을 만나는 것이었다. 본가에서 멀리 떨어진 병원에 있었던 탓에 오랫동안 친구들과 만나지 못했다. 전화로만 연락하고 지내다 드디어 얼굴을 볼 수 있게 됐다. 친구들은 이제 고3이 되어 수험생활에 여념이 없었다. 그들과 만나 이야기하며 나도 예전처럼 공부하고 싶다는 마음이 간절해졌다.

　병원 생활 3년, 공부를 하지 못했던 기간도 3년이었다. 3년 동안 공부와 담을 쌓고 살았다. 오랜 기간 공부를 쉬었다는 것에 대한 두려움도 있었지만 다시 공부를 시작한다는 설렘이 더 컸다. 병원 생활을 청산하고 나의 원래 본업인 학생으로 돌아간다는 것, 꼭 학교를 다니지 않더라도 내가 하고 싶은 일을 하는 데 기쁨을 느꼈다.

○ ● ○

　집으로 돌아왔을 때, 주인이 사라진 방안에는 3년 동안 이런저런 물건이 쌓여 내 방은 거의 창고나 마찬가지가 되어 있었다. 갑작스럽게 퇴원을 했으니 부모님도 내 공간을 준비할 시간이 부족했을 터였다. 짐들을 치우고, 예전에 공부하던 책들로 다시 책장을 채웠다.
　그리고 정말 오랜만에 책상에 앉아 '공부'라는 것을 다시 시작했다. 과연 얼마나 머릿속에 남아 있을까?

하지만 책을 펼치자마자… 맙소사! 거의 대부분이 머릿속에서 지워지고 없었다. 지식을 쌓지 못한 것뿐만 아니라 기존에 배웠던 내용들마저도 기억이 잘 나지 않았다. 내 예상보다 훨씬 더 심각했다.

지금은 군대 복무기간이 1년 6개월이지만 우리 아빠 세대는 군대가 3년이었다고 한다. 아빠가 가끔 자신의 군대 이야기를 해주시며 군대에 갔다 오면 머리에 똥만 차서 온다고 말씀하셨는데, 그 기분이 무엇인지 조금은 알 것 같았다.

처음에는 중학교 2학년까지 마친 것을 바탕으로 '중3 과정부터 다시 시작하면 되겠지'라며 막연하게 계획을 세웠다. 그러나 맞닥뜨린 현실은 예상과 전혀 달랐다.

친구들은 모두 고등학교 3학년이 되어 바쁜 수험생활을 하고 있는데, 나는 중학교 2학년 과정조차 기억이 가물가물했다. 어디서부터 다시 시작해야 할지, 막막함이 앞을 가렸다. 과연 다시 공부 습관을 들일 수 있을지, 잘할 수 있을지 마음이 점점 무거워졌다.

몸을 일상생활로 되돌리는 것뿐만 아니라 공부를 다시 시작하는 것 자체가 만만치 않은 도전이었다.

○ ● ◐

불안에는 신기한 복리효과가 존재한다. 아무것도 하지 않고 가만히 있으면, 혼자 눈덩이처럼 커지는 것이다. 커지는 속도 또한 엄청나서 나도 모르는 사이 그 무게에 짓눌리기 십상이다.

두려움이 커지기 전에, 그것을 종식시킬 방법은 새롭게 시작하는 것뿐이다.

나는 '시작이 반'이라는 말을 믿는다. 오랜 재활치료를 통해 얻은 교훈이기도 하다. 하고자 하는 것이 무엇이든 시작만 하면 어느새 흐름에 몸을 맡기게 돼 반 이상을 이미 해낸 것과 같다.

또다시 시작하기 위해, 먼저 목표 - 대책 - 실행이 필요했다.

삶의 모든 도전을 즐기는,
그게 바로 나야

3년 동안 재활을 위해 여러 병원을 옮겨 다녔다. 그러던 중 한 병원에서 우리나라 신경 분야의 최고 권위자인 의사 선생님을 만나게 되었다. 자신의 분야에서 최고가 된다는 것이 단지 말로 표현할 수 없는 굉장한 일임을 그때 처음 느꼈다. 사람의 뒤에서 아우라가 비친다는 말이 무슨 뜻인지 실감했다. 나도 할 수만 있다면 나만의 분야를 가지고 내 분야에서 최고가 되고 싶다는 꿈을 가지게 됐다.

여기까지 들으면 자연히 의사를 꿈꿨으리라 짐작할지 모른다. 하지만 많은 분들의 예상과 달리, 나의 선택은 변호사였다.

　무료한 병원 생활에서 내게 활력소가 되어준 것은 책과 신문이었다. 나는 원래 책을 즐겨 읽는 아이는 아니었다. 오랜 병원 생활을 하다 보니 병원 밖의 삶이 궁금해질 때가 많았는데, 재활훈련 이외의 시간에 밖으로 나가거나 친구를 만날 수 있는 여건이 되지 않았다. 마침 병원에서 작은 도서관을 운영하고 있어 책과 가까워질 수 있었다.

　그때 책을 읽다 보니 매력적으로 다가온 직업이 바로 변호사였다. 공동체를 유지하기 위해 사람들이 함께 지켜야 할 규율로써 법을 다루는 것도, 그 법을 우리의 삶에 깊숙이 적용한다는 것도 어린 나이였지만 나에게 멋지게 다가왔다. 법이라는 분야에서 최고까지는 아니더라도 의미 있는 일을 할수 있겠다 싶었다. 그렇게 변호사를 꿈으로 정한 후, 나는 그꿈을 한 번도 바꾼 적이 없다.

　사고로 몸이 불편해진 뒤부터 사람들에게 크고 작은 도움을 받는 순간이 많아졌다. 세상에 법이 쓰이지 않는 곳은 없으니 변호사라는 직업을 통해 사회에 환원하는 방식으로 감사함을 보답할 길도 열릴 것 같았다. 그렇게 어느 순간부터 그 꿈은 내 자부심이 되어 갔다.

○ ● ○

다시 집으로 돌아와 공부를 결심한 시점으로 가보자.

이미 목표는 정해졌으니 대책을 세워야 했다. 지금 집은 집 안에서의 생활뿐 아니라 집 앞마당을 나서기조차 어려운 구조였다. 설사 부모님의 도움을 받아 집 밖으로 나간다고 해도 휠체어를 타고 편히 다닐 수 있는 독서실도 학원도 찾기 힘들었다. 조금이라도 편하게 생활할 수 있는 공간과, 공부에 집중할 수 있는 환경이 필요했다.

물론 부모님과 함께 산다면 도움을 받아 편하게 생활할 수 있을지 모른다. 비단 몸을 움직이는 것뿐만 아니라 생활 전반에 있어 서포트를 받을 수 있다. 예를 들어 밥을 차리거나, 빨래를 하는 등 일상생활의 모든 일을 부모님이 대신해 주실 수 있었다. 그러나 이런 편리에 안주한다면 애초 마음 먹었던 홀로 서기란 불가능한 일. 선택을 해야 했다.

나는 결심을 굳히고 부모님 앞에서 독립 의사를 밝혔다. "대구에 방을 얻어서 본격적으로 공부를 해보려고 해요."

부모님의 즉각적인 반응은, 당연하게도 "그럼 엄마가 같이 갈게"였다. 마치 병원 생활에서 교대로 간병을 하듯 생각하신 것이었다. 그러나 내가 원한 것은 '진짜 홀로 서기', 독립이라고 할 수 있는 독립이었다.

처음 이 말을 들었을 때 부모님은 크게 놀라면서 우려를 표하셨다.

"아직 미성년자야. 게다가 몸이라도 멀쩡하면 모르겠지만 몸도 불편한데 어떻게 혼자 살려고?"

나는 부모님께 나의 포부와 앞으로의 인생 계획에 대해

말씀드렸다. 내가 품게 된 꿈, 머릿속으로 수없이 그려본 미래, 그 목표로 나아가기 위해 내가 해야 하는 일들에 관해 이야기했다.

변호사의 꿈을 가지고 법대 진학을 목표로 공부에 매진하고 싶으며, 그 모든 일은 스스로 해내야만 의미가 있다는 것에 대해서도 한참을 설득했다.

그리고 걱정을 덜어드리기 위해 일상생활에 대한 해결책도 제시했다. 요즘 세상에 배달되지 않는 것은 없다고. 물류배송이 원활한 곳이면 일단 생활의 기초가 해결된다. 그리고 친척들이 많이 살고 있는 곳으로 지역을 정해 급히 필요할 경우, 도움을 받을 수 있게끔 준비해 놓으면 된다.

매정하게 들릴 수 있지만, 결국 언젠가는 부모님 없이 혼자 살아야만 한다. 도움받는 데 익숙해지면 그 도움 없이는 살아가기가 어렵다. 그렇게 되지 않으려 노력해도, 나를 안쓰럽게 여기는 부모님 곁에 있다 보면 계속 도움을 받을 수밖에 없게 될 것 같았다.

무엇보다 나는 나답게, 스스로의 힘으로 서고 싶었다. 언젠가 반드시 겪어야만 하는 과정이라면 '지금이 바로 그때'라고 스스로에게 다짐했다.

이가 없으면 잇몸으로 산다고 하지 않나. 이가 없다고 밥도 안 먹고, 아무것도 하지 않으면 죽음만이 기다릴 뿐이다. 할 수 없는 것들에 집착하기보다는, 할 수 있는 것들에 집중하기로 했다.

뛰고 걷는 것, 몸을 쓰는 것은 내가 할 수 없는 일들이다. 하지만 머리를 다친 것은 아니니 공부는 내가 할 수 있는 일이 아닌가! 두렵고 부담스럽기는 했지만, 도전하여 내가 어디까지 해낼 수 있는지 몸소 겪어보고 싶었다.

○ ● ○

부모님은 고심 끝에 허락해 주셨고, 나는 곧 대구에 원룸을 얻어 이사했다.

사실 혼자 산다고 했을 때 부모님뿐만 아니라 친척들과 주변 지인들 모두가 반대했었다. '그 몸을 해가지고 어떻게 혼자 살려고 하냐', '부모님이랑 같이 있어야 너도 편하고 부모님도 편하다' 등등 많은 걱정을 들었다.

그러한 우려도 이해가 안 되는 바는 아니었다. 장애등급을 받던 날, 의사 선생님이 나에게 비장애인의 30% 정도밖에 기능할 수 없다고 했던 말을 떠올리면 더더욱.

신체기능적인 면만 보면 의사 선생님의 말은 사실일지 모른다. 하지만 혼자 살다 보니 할 수 있는 일이 할 수 없는 일보다 훨씬 많았다.

아니, 못할 것이 없었다.

홀로 이루어낸 기쁨은 참으로 컸다. 작은 발견과 깨달음마다 나는 "유레카!"를 외치며 크게 즐거워했다. 어려움을 넘어서면서 오히려 삶을 살아갈 자신감을 얻었고, 그러한 마음가짐이 공부에 더욱 몰입할 수 있는 힘이 되었다.

도전하여 성취한 이들만이 알 수 있는 것이 있다. 두려움 때문에 시도조차 하지 않았던 일들 중 실제로는 내가 할 수 있는 일들이 더 많다는 사실을 말이다. 그래서 시도하지 않고는 아무것도 알 수 없으며, 도전하는 삶이야말로 진정한 학습과 성장으로 이끈다는 것을 느꼈다.

2년 후, 나는 원하던 모든 대학의 법대에 합격했다. 그리고 졸업 후 목표했던 대로 변호사가 되었다.

혹자는 나에게 '인간승리'라고 말한다. 나 또한 특별하게 대단한 인물은 아니다. 단지 장애라는 한계를 스스로에게 설정하지 않고, 오롯이 '나답게' 살아가려 애썼을 뿐이다. 나 자신을 장애라는 프레임에 가두지 않고, 나답게 사는 데 모든 것을 걸었을 뿐. 진짜 내가 원하는 것, 나다움을 추구하며 삶의 모든 도전을 즐겼을 뿐이었다.

그렇게 나만의 색깔을 찾아가며 모든 도전을 기꺼이 받아들이기로 마음먹자, 내게 주어지는 수없는 도전들을 즐길 수 있게 되었다.

오히려

내게 도움이 된 것은

힘든 건 힘든 거라고

받아들이는 태도였다

———

변화의 시작

괜찮지
않아도,

괜찮다

———————————————————

제 2장

———

나의 진정한 홀로 서기는

'힘듦'을

받아들이는 것에서

시작됐다

역경은
행운이 될 수 없어

잃어버린 3년의 시간, 그동안 여러 좋은 말씀들을 들었는데 그중에 특히 기억에 남는 것이 있다. '먼 훗날 돌이켜보면 이 또한 다 의미가 있었을 것'이라거나 심지어는 '이 시련은 결국 보상받을 테니, 언젠가는 이를 행운이라 생각하게 될 것'이라는 요지의 이야기였다. 한 마디로 내게 주어진 역경을 바라보는 관점을 바꾸라는 것이었다.

물론 내가 잘 이겨내기를 바라는 마음에서 나온 말임을 이해한다. 그러나…, 겨우 십 대 후반이었던 내게 이런 역경은 결코 의미 있는 일이나 행운 같은 것이 될 수 없었다. 아니, 행운이라니! 듣기만 해도 열불이 터지는 말이었다.

관점을 바꾸든 사고를 전환하든, 하여간에 고통과 고난, 역경은 그냥 '힘듦', '어려움'일 뿐이다. 물론 나도 훌륭한 어떤 사람들처럼 삶에 항상 감사하는 마음으로 만사에 의미를 찾으며 공부했으면 좋았겠지만, 내게는 그런 위인의 자질 같은 건 없었다. 지금도 마찬가지다.

왜 굳이 상황을 포장하는가? 이러한 포장은 결국 세상과 나 자신을 바라보는 내 시선을 왜곡시킬 뿐, 현실을 조금도 바꿔주지 않는다. 오히려 내게 도움이 된 것은 힘든 건 힘든 거라고 받아들이는 태도였다. 나의 홀로 서기는 이러한 '힘듦'을 인정하고, 그것을 마주하는 것에서 시작되었다.

새로운 출발을 앞두고, 먼저 내 상황을 객관적으로 직시할 필요가 있었다. 너무 많이 잊어버린 상태였다.

곰곰이 생각해 보니, 분명 중학교 2학년 기말고사까지 끝

마치고 수술을 위해 서울로 향했다. 하지만 내 머릿속에 중학교 2학년 때 배운 지식들은 가물가물하기만 했다. 3년을 뒤처진 것도 모자라, 거기에 1년을 더해 중2 과정부터 다시 시작하려니 눈앞이 깜깜했다. 이 많은 공부를 대체 언제 다 따라잡을 수 있으려나. 불안감과 압박감이 밀려왔다. 하지만 이것이 내 현실이었다.

역설적으로 들릴지 모르지만, 현실에서 벗어나려면 지금의 내 현실을 받아들여야 한다.

잃어버린 시간에 머무르고 싶지 않았다. 그래서 중2 과정부터 다시 시작하기로 결심했다. 기초가 튼튼하지 않으면, 아무리 열심히 채워도 밑 빠진 독에 물 붓기라는 걸 알고 있었다. 당장 시간이 더 걸리더라도, 제대로 된 기초를 다지기로 마음먹었다.

최종 목표는 수능이었다. 처음에는 1년 안에 8월에 있을 대입 검정고시를 치른 뒤 수능까지 볼 계획을 세웠다. 검정고시는 수능과 유사한 과목으로 시험을 치르기 때문에, 수

험생활을 1년으로 단축할 수 있을 것 같았다.

여기서 다시 한번, 계획을 현실적으로 검토할 차례였다. 아무리 생각해도 4년 치를 1년 만에 해내는 건 무리가 있었다. 괜히 조급하게 생각했다가 마음만 괴로워질 것이란 생각에 다다랐다.

나에게는 뚜렷한 목표가 있었고 단순히 대학을 가는 그 자체가 목표가 아니었기 때문에 2년의 시간으로 다시 계획을 짰다. 1년 정도 늦게 간다고 낙담할 이유가 없었다. 나이로는 남들보다 한 해 늦는 것이지만, 남들 4년 치 공부를 2년 안에 마치는 것 역시 쉽지 않은 도전이었다.

잃어버린 시간을 메우는 동안, 나는 대부분 홀로였다. 나에게 주어진 시간은 단 2년. 4년 치 공부량을 그 반만큼의 시간 안에 꼭꼭 채워 넣어야 했다. 공부 이외의 시간은 나 자신에게 허락할 수 없었다. 다른 것은 사치로 느껴졌다.

이 현실은 어쩔 수가 없다. 내게 불의의 사고가 있었고, 그로 인해 재활에 시간을 쓸 수밖에 없었으니까. 함께하던 친구들과 나의 시간은 어느덧 달라져 있었고, 나는 신체적인 제약과 더불어 시간적인 촉박함 때문에라도 혼자일 수밖에 없었다.

'혼자다'라는 사실을 받아들이자, 나를 위로하고 나와 소통할 수 있는 유일한 사람은 바로 나 자신이라는 것을 깨달았다. 나를 돌보고, 수험 생활에 지치지 않도록 나를 이끌 수 있는 사람 또한 나 자신뿐이었다.

우선, 목표하는 대학교 이름을 방 한쪽 벽에 커다랗게 붙여놓았다. 잠에서 깨어나자마자 그 목표를 눈에 담을 수 있도록.

뿐만 아니라 화장실 벽, 식탁 등 보이는 모든 곳에 명언을 써붙이고 나를 다독이기 위해 노력했다. '공부가 인생의 전부는 아니지만, 인생의 전부도 아닌 공부 하나도 제대로 해내지 못한다면 과연 무슨 일을 할 수 있겠는가?', '오늘 걷지 않으면 내일 뛰어야 한다', '지금 잠을 자면 꿈을 꾸지만, 지금 공부하면 꿈을 이룬다', '개같이 공부해서 정승같이 놀자', '죽어라 열심히 공부해도 죽지 않는다' 등. 한편으론 오글거리기도 하지만 너무나도 간절했기에 하나하나가 큰 자극이자 버틸 수 있는 힘이 되었다. 이때의 경험이 내게 큰 자양분이 되었다고 생각한다.

힘든 건 그저 힘든 것이다. 그걸 인정해야 '그래서 어떻게 하면 좋을까', '어떻게 이 힘듦을 이겨내야 할까' 고민할 수 있게 된다. 인생은 때때로 숨이 턱 막히게 힘든 순간들을 안겨주곤 한다. 이런 때면 힘듦의 무게에 짓눌리지 않도록 하자. 힘듦을 있는 그대로 받아들이면, 그다음 단계로 나아갈 길이 열린다.

고난을 '신의 시험'이라거나 어떤 보상의 전조로 여기며 자기 자신을 위로하다 보면, 자기 연민의 함정에 빠지기 쉽다. 자기 자신과 세상을 바라보는 시선이 왜곡되어 현실과 동떨어진다.

포장은 현실을 바꿔주지 않는다. 필요한 것은 평범한 상황보다 몇 배나 더 많은 노력이다. 그것이 바로 현실이다! 나는 어린 나이에도 불구하고, 무엇이 진정 나에게 도움이 되는 자세이고 시각인지에 관해 끊임없이 생각했다.

상처는 아프고 두려워,
그렇지만 그게 어때서?

장애인으로 살면서 상처받은 적이 있냐고 묻는다면, 당연히 그렇다. 하지만 상처받지 않고 사는 사람이 세상에 있을까? 인간은 모두가 상처받고 또 누군가에게 상처 주는 존재이다. 나의 상처라 해서 남에 비해 특별하지 않다.

나의 '멘탈'에 관해 칭찬하는 말을 종종 듣곤 하는데, 멘탈이 강하다고 해서 상처받지 않는 것은 아니다. 그렇지만 상처는 결코 나를 해하지 못한다. 다치고 아물기를 거듭하며 오히려 나를 단단하게 만드는 것이다.

근육을 성장시키기 위해서는 먼저 근육에 상처를 내야 한다. 우리 마음도 그렇다. 상처가 나고, 새살이 돋는 과정들을 반복하며 우리의 마음도 강해진다. 불행인지 다행인지, 나는 남들보다 조금 빨리, 더 강력하게 성장할 수 있었던 것 같다.

운동도 할 겸, 짧은 거리는 최대한 목발을 짚고 다니려 노력했다. 공부에 집중할 시간도 부족했기에, 재활 시간을 따로 내기보다 활용할 수 있는 시간을 최대한 잘 쓰고 싶었다.

자연스럽지 못한 걸음걸이. 한 걸음을 뗄 때마다 사람들의 시선이 느껴졌다. 고개를 들어보면 주변의 사람들이 나를 쳐다보고 있었고, 나와 눈이 마주치면 시선을 회피했다.

사람들은 익숙하지 않고, 부자연스러운 것에 눈길을 보낸다. 아마 사람들의 눈에 나도 그렇게 비쳤을 것이다. 휠체어를 타도 마찬가지다.

아무래도 어렸을 때는 사람들의 그런 시선을 감당하기가

더 힘들었다. '내 모습이 그렇게 이상한가?' 싶었다. 눈빛이 고스란히 상처로 마음에 새겨지던 시절이었다. 나를 보고 혀를 차며 지나가는 사람들, 어린 나이에 저렇게 돼서 어떡하냐는 말을 들릴 정도로 크게 하며 아무렇지 않게 스치고 지나가는 사람들도 많았다.

우리나라의 장애인 인구는 260만 명, 전체 인구의 약 5%를 차지한다고 한다. 적지 않은 인구 수에도 불구하고 길거리에서 장애인을 자주 마주치지 못하는 이유는, 여전히 부족한 장애인 편의 시설 때문이다. 장애인들은 외출을 꺼리게 되고, 대중에게는 장애인의 모습이 낯설게 느껴진다. 이런 현실로 인해 장애인들은 때로 사람들의 눈길을 끌고, 비장애인들은 어색한 시선으로 장애인을 바라보게 된다.

장애가 생기고 오랜만에 친구들을 만났을 때 그들의 표정이 아직도 생생하다. 놀라움이었을 거다. 예전에 알던 이소희의 모습이 아니었을 테니까 말이다. 나도 같이 놀라움을 느꼈다. '아, 내 몸이 정말로 전과 많이 달라졌구나.' 친구들의 표정을 보고 더욱 절감할 수 있었다. 이처럼 상대는 상처 주고자 했던 것이 아닌데, 의도치 않은 상처를 받게 될 때가 있다.

사람들이 바라보는 나와 내가 바라보는 나, 내게는 두 가지 모습이 존재한다. 사람들은 몸이 불편하니 삶도 불행하리라 생각하는 듯했다. 의구심이 들었다. 몸이 불편한 건 사실이지만 내가 지금 불행한가?

힘든 건 맞다. 매일이 행복해 죽을 거 같지 않은 것도 맞다. 하지만 아무리 생각해 봐도 불행하다는 생각은 전혀 들지 않았다. 불편함이 반드시 불행으로 이어지는 것은 아니다. 남들이 나를 불행한 사람으로 생각한다고 해서 내가 실제로 불행해지는 것은 더더욱이 아니다. 타인의 시선에 의해 나의 행복이 결정될 수는 없으니 말이다. 불편과 불행의 차이를 인지하는 것, 이는 중요한 구별이다.

'사람들이 바라보는 나'는 어떤 모습일까? 단지 겉모습으로 판단하리라 생각하기 쉽지만, 실제 경험해 본 결과 나의 태도에 따라 결정될 때가 많았다. 누군가 내게 동정 어린 시선을 보낸다 해도, 거기에 고개 숙일 이유는 전혀 없다. 그럴수록 언제나 당당하고자 했다.

그러자 사람들의 시선이 느껴지지 않는 것은 아니지만, 동정 어린 말을 하는 이들은 훨씬 줄어들었다. 아예 상처가 안 되는 것은 아니다. 하지만 상처가 나를 더 이상 해하지 못하게 할 수 있는 것이다.

상처나 고통의 느낌은 상대적인 것이 아니라 절대적인 것이다. 자신의 작은 상처가 남의 큰 상처보다 더 아프게 느껴지는 것이 인간의 본성이다.

실제로 상처받은 것은 나니까, 상처가 아플수록 더 깊이 들여다봐야 한다. 상처를 외면하면 덧난다. 그렇다고 해서 상처에 지나친 의미를 부여해서는 안 된다. 사람과 사람 사이 주고받는 상처는 인간 존재 간의 필연적인 상호작용일 뿐이다.

나는 이제 말한다.

"상처받았냐고요? 맞아요. 아프냐고요? 당연하죠. 그런데 그게 뭐 어때서요. 다들 상처받고 사는 걸요."

상처에 의연해질 때, 상처를 제대로 바라볼 수 있게 되고, 스스로 치유하며 성장할 수 있다.

강해지려면 근력을 키워야 한다,
마음도 그렇다

여성 권투선수가 주인공인 영화를 본 적이 있다. 주인공의 형형한 눈빛에 영화를 보는 내내 압도되었다. 그리고 거칠고 투박한 손을 보며 내게도 그녀와 비슷한 부분이 있음을 생각했다. 장애가 나를 단단하게 만들었음을 보여주는 상징 같은 양손의 굳은살이 그것이다.

재활훈련을 시작한 이후, 내 손에는 엄청난 굳은살이 생겼다. 하체를 쓰지 못하니 모든 걸 손으로 해야 했기 때문이다. 휠체어를 밀 때도, 운동을 할 때도 마찬가지였다. 처음에는 허리에 힘이 없어서 한 손으로는 나를 지지할 무언가를 항상 잡고 있어야 했다. 손이 쉴 틈이 없었다. 그러다 보니 각 마디부터 손바닥까지 굳은살로 뒤덮여 두꺼워졌다.

어느 날은 나를 부축하다 우연히 내 손을 잡은 엄마의 눈이 휘둥그레졌다.

"손이 언제 이렇게 거칠어졌어?"

엄마도 농사를 짓느라 손을 많이 쓰기 때문에 누구보다 거친 손을 가지고 계신다. 그런데도 어린 딸의 손이 자기보다 거친 것을 보고 놀라신 것이다.

엄마뿐만 아니라 내 손을 한 번쯤 잡아본 사람들은 다들 놀란다. 그럴 때마다 나는 오히려 뿌듯하다.

운동을 하다 가끔 내 손을 만져보곤 한다. 손은 굳은살들로 딱딱하고, 오랜 세월 농사일을 해오신 부모님의 손만큼이나 거칠거칠하다. 예전에는 이 굳은살이 지금보다 더욱 단단해지길 바랐었다. 마치 내 피 땀 눈물의 기록처럼 느껴졌기 때문이다.

◇◆◆

　나는 이렇게 단단해져 왔다. 나의 지난날, 길지 않은 생 중 절반의 역사가 이 굳은살에 담겨 있다.

　누구에게나, 어떤 이유에서든 자주 다치게 되는 취약한 부위가 있을 것이다. 마찬가지로 나는 타인의 굳은살을 볼 때면, 특히 반복적인 상처를 통해 만들어진 아주 단단한 부분을 볼 때면 그 사람의 역사를 생각한다. 상처가 단단해질 정도로 고통스러운 과정을 반복했다는 것은 그 자체로 자랑스러운 일이다.

　몸의 근력을 키우는 것만큼 힘든 것은 마음의 근력을 키우는 일이었다. 마음의 근력을 키우는 건 단순히 고통을 참는 것 이상이다. 자신의 감정을 이해하고, 어려움을 겪는 중에도 균형을 잡고 스스로 나아갈 힘을 내야만 한다.

때로는 나 자신에게 관대해지는 것도 필요하다. 완벽하지 않다는 사실을 받아들이고, 자신을 긍정적으로 대해야 한다. 그러한 사실을 이성적으로는 아는데도 마음이 머리를 따라주지 않아 힘든 것 또한 일종의 고통이었다.

그럴 때면 다 그만두고 싶다는 마음이 들기도 했다.

공부를 다시 시작했을 때만 해도, 오랫동안 손을 놓았던 공부에 대한 설렘과 기대감이 가득했다. 3년에 이르는 공백으로 뇌가 거의 백지상태였기 때문에 스펀지가 물을 흡수하듯 습득도 빨랐다. 대다수 과목이 앞부분의 내용은 비교적 쉬운 편이라, 초기에 성적은 가파른 상승곡선을 그리며 올라갔다.

뭐든지 잘하면 재미가 붙기 마련이다. 성적이 좋아지니 공부에 대한 즐거움도 점점 커져갔다. 그렇게 꾸준히 늘기만 하면 얼마나 좋겠는가만은, 재활 과정에서 경험했듯이 성적도 계단식으로 성장하는 단계가 찾아왔다. 성적 그래프의 상승이 멈추고 횡보를 그리기 시작할 무렵, 슬럼프는 예고 없이 찾아왔다.

당시 수능 공부에 전념하면서 가장 중점을 둔 것은 실전 감각을 유지하는 일이었다. 하지만 혼자서만 공부하다 보니, 실제 시험장의 공기를 느껴볼 기회가 없었다. 불편했지만 부모님의 도움을 받아 석 달에 한 번이라도 학원에 방문해 모의고사를 보려고 노력했다.

앞서 언급했듯, 처음에는 공부도 시험도 정말 즐거웠다. 성적을 받아 드는 순간이 기대될 정도였으니까. 그런데 어느새부터인가, 모의고사 점수가 내 예상과 달리 만족스럽지 않은 결과를 보여주기 시작했다.

'이 방식으로 공부를 계속해도 성적이 오를까? 혹시 내가 잘못된 방법으로 공부하고 있는 건 아닐까?'하는 의구심이 들었다.

슬럼프가 길어짐에 따라 이런 의구심은 자기 비하로 이어졌다. '내가 원래 머리가 나쁜 걸까? 부모님의 피 같은 돈을 낭비하고 있는 걸까?' 등등 별의별 부정적인 생각에 사로잡혔다. 모의고사는 단지 연습일 뿐이라는 것을 알고 있음에도, 마음을 가라앉히기는 쉽지 않았다.

그러던 어느 날, 모의고사를 망치고 집으로 왔는데 화장실에 가다가 내 발에 걸려 넘어지고 말았다. 순간 다리가 경직돼 몸이 마음대로 움직여지지 않았다. 일어날 수가 없었다. 몸도 마음도 거지 같은 상황에 왈칵 눈물이 쏟아졌다. 화장식 바닥에 누워 한동안 그렇게 울었다.

그런데 희한하게 한바탕 혼자 울고 나니 마음이 한결 후련해지는 것이 아닌가. 마치 하늘이 '시원하게 울고, 다시 시작해'라고 말하는 것만 같았다. 울음이 주는 카타르시스를 느끼며, 이렇게 순간적으로 마음을 전환하는 것 또한 내게 필요한 삶의 기술임을 깨달았다.

◇◆◆

　당장에 힘든 마음을 바로 고쳐 잡기는 쉽지 않다. 그렇다고 매번 울 수도 없다.

　마음이 너무 힘든 날이면 적어도 그날만은 공부를 잠시 미뤄두고 TV를 본다거나, 친구와 통화를 하는 식으로 내 마음을 전환시키려 노력했다.

　부정적인 생각이 머리를 지배하게 두면 안 된다. 다른 곳으로 시선을 돌렸다가, 잠시 후 다시 공부에 몰두할 수 있도록 마음을 다잡았다. 이 과정에서 조금씩 방향을 수정하면서 그 과정에서 틀린 부분들을 하나하나 되짚어보았다.

　솔직히 말하자면, 이런 순간들은 한두 번 겪은 일이 아니었다. 수없이 넘어지고, 그때마다 가슴이 찢어질 듯한 서러움을 느꼈다. 하지만 여기서 포기하면 내 인생은 여기서 멈춘다. 당장에 넘어지고 쓰러지는 것보다 두려운 것이 여기서

멈춰서는 것이었다.

아무런 변화도, 아무런 도전도 없는 삶이 나는 무서웠다. 그렇기 때문에 더더욱 포기할 수 없었다.

수능 점수가 나온 날, 자취방을 찾아온 엄마가 갑자기 내 이름을 크게 불렀다.

"소희야!"

내 집은 현관에서는 방 전체가 보이지 않고 일부만 보이는 구조였다. 엄마는 내가 보이지 않자 수능 점수에 실망해 베란다에서 뛰어내린 줄만 알고 정말로 혼비백산했다고 한다. 생각만 해도 아찔한 얘기다. 엄마 눈에도 내가 너무 간절해 보였나 보다.

부모님께 그러한 걱정을 끼치지 않기 위해서라도, 스스로 단단해지는 것 또한 내 삶의 몫임을 알게 됐다. 마음의 근력을 한층 더 키워야겠다고 다짐하는 계기가 됐다.

"죽으라는 법은 없다. 아니, 살려고 한다면 못할 게 없다."
이 평범하고도 진부하기까지 한 말이 내 마음을 지탱해 주었다. 그렇게 나는 진정한 홀로 서기에 도전하며, 나 자신 그리고 내 인생과 새로운 관계 맺기를 시작했다.

"이제부터 나는, 지금껏 내가 알던 이소희가 아니다!"를 마음속으로 외치면서.

한 터널을 지나면
새로운 나를 만날 수 있다

인생을 살아가다 보면, 마치 게임의 챕터를 클리어하듯이 여러 고비들을 마주하게 된다. 각 챕터를 넘길 때마다 새로운 아이템을 얻고 한 단계씩 성장하는 것처럼, 나 역시 고비를 넘으면서 경험치를 쌓아가며 성장해 나갔다. 그리고 이 과정을 통해 나 자신에 대해 더 깊이 이해하게 되었고, 나와의 관계도 새롭게 정립되었다.

홀로 서기에 필요한 아이템 중 하나는 운전이었다. 수능 시험 후 자유를 만끽하는 기간 동안 꼭 해두면 좋은 것이 있으니, 바로 운전면허 취득이다. 운전을 하게 되면 수행 능력이 한층 커진다. 기동력이 권력이 되는 순간도 맞이한다. 훨씬 더 많은 경험과 기회를 만들 수 있다.

친구들과 여행을 갈 때도 아주 유용하며, 여가 시간의 풍요로움이 달라지고, 머리가 복잡할 때 드라이브도 갈 수 있다. 차가 없다고? 당장 내 차가 없어도 렌트해서 얼마든지 떠날 수 있다. 생활 반경도 전국으로 넓어져서, 차 없이는 갈 수 없었던 수많은 장소들을 갈 수 있게 된다.

운전은 홀로 서기를 하려는 모든 사람에게 필수일지 모른다. 특히 나처럼 다리가 불편한 사람의 경우에는 더더욱 그렇다.

부모님도 그렇게 생각하셨는지 수능이 끝나고 뒹굴거리는 나에게 운전면허 문제집 하나를 던져 주셨다. 일주일 뒤 시험 보러 갈 테니 공부하라는 것이었다. 운전면허 필기시험은 그렇게 어려운 시험은 아니다. 하지만 수능 공부에 지쳐있던 터라 바로 직전까지 매일 보던 문제집을 또 펼쳐보려니 엄두가 나지 않았다.

이번에 붙지 못하면 또 보러 가야 할 테고 그럼 또 시간만 끌게 될 테니 어떻게라도 보자 싶어 공부를 시작했다. 2종 보통 시험을 합격하면 되는 것이니 60점만 넘으면 됐다.

일단 필기에 합격하자 코스와 주행은 아주 재밌게 배울 수 있었다.

다리가 불편한데 어떻게 운전을 하는지 궁금해하는 사람들이 가끔 있어 덧붙이자면, 다리가 불편한 장애인들은 손으로 운전을 할 수 있다.

'핸드컨드롤러'라는 장치를 이용해 보통은 발로 밟는 엑셀과 브레이크를 손으로 조작한다. 핸드컨트롤러는 대개 핸들 옆이나, 아랫부분에 손이 닿기 편한 곳에 위치해 있다. 장치마다 기능이 조금씩 다른데, 내 것은 손으로 누르면 브레이크, 당기면 엑셀과 동일한 기능을 가지고 있다. 발로 누르는 엑셀 및 브레이크와 연결되어 있는 경우가 대부분이라 비장애인도 이 차를 운전할 수 있다.

◇◆◆

　수능 공부를 하던 시절에는 내가 살던 원룸 건물의 현관 입구까지만 나갈 수 있었다. 그러나 차를 운전하면서부터 가지 못할 곳은 없게 되었다. 이전에는 언제나 부모님과 함께 움직여야만 했던 내가, 이제는 혼자서도 어디든 갈 수 있게 된 것이다.

　운전은 나에게 많은 것을 가져다 주었다.

　장애가 생긴 후 사람들에게 도움을 받게 되며 나도 사회에 보탬이 될 수 있는 일들을 하고 싶었다. 적은 금액이지만 기부를 하기도 하고, 남들보다 아팠던 몸이라 줄 수 있는 게 많지 않을지 몰라도 사후 장기기증 신청도 했다. 봉사활동은 주로 몸 쓰는 종류가 많아 할 수 있는 일이 많이 없었는데, 운전을 배운 이후 차로 쌀을 실어 나르는 등 차를 이용해 나의 활동 영역을 넓혀갈 수 있다는 것이 기뻤다.

　운전을 통해 얻은 것과 배운 것이 많아서 그런지 나는 지금도 운전을 아주 좋아한다. 장거리 운전도 전혀 마다하지 않는다. 운전하는 자체가 즐겁고 자유로움을 느낀다. 나중에 기회가 된다면 레이싱에도 도전해 보고 싶은 꿈을 가지고 있다.

수능 공부를 하던 시절, 힘들 때마다 기분 전환용으로 버킷리스트를 작성하곤 했었다.

한 날은 부모님과 잠시 외출을 했다가 돌아오는 길에 육교에 걸린 뮤지컬 〈지킬 앤 하이드〉의 현수막을 보았다. 현수막 자체가 강렬했다. 며칠 후 TV에서 그 뮤지컬 광고를 보고, 나의 버킷리스트에 한 가지를 더 추가했다.

'뮤지컬 〈지킬 앤 하이드〉 꼭 보기'.

그렇게 적어 놓고만 있었는데 대학에 들어가 영화를 보러 갔다가 우연히 〈지킬 앤 하이드〉의 광고판을 또 마주하게 되었다. 바로 표를 예매하여 뮤지컬을 관람했고, 그날은 나에게 잊을 수 없는 순간이 되었다.

　행복은 미루는 것이 아니라고 하지만, 적어도 시험공부를 할 때만은 잠시 미뤄둬도 좋을 것 같다. 공부는 일단 학습의 흐름을 놓치게 되면 다시 잡기가 매우 어렵기 때문이다. 우리의 에너지는 한정되어 있다는 것을 알기에, 나는 그 모든 에너지를 공부에 집중하고자 했다.

　그럼에도 불구하고 공부가 잘 풀리지 않거나 육체적, 정신적으로 힘든 순간이 오면, 그때마다 버킷리스트를 작성했다. 하고 싶은 일들을 적는 짧은 순간 동안 더 큰 집중과 성취를 위한 에너지를 충전할 수 있었다.

　그렇게 잠시 미뤄둔 행복은 대학에 진학한 이후 버킷리스트를 하나하나 실행하며 몇 배의 짜릿함으로 만끽했다. 그 이후 나는 뮤지컬에 푹 빠져 '뮤덕'이 됐다.

　이처럼 수능이라는 터널을 지나서 내가 원하던 것들을 하나씩 이루어 가는 것은 엄청난 기쁨이었다. 새로운 도전에 부딪칠 때마다 몇 배의 노력을 해야 했지만, 그 같은 경험들을 통해 '원인을 만들면 반드시 결과로 이어진다'는 믿음이 생겼다.

재활의 터널을 지나, 고등학교 졸업 검정고시와 대입이라는 터널을 거치며 나는 나름의 방식으로 나만의 삶을 꾸려 나갈 수 있게 되었다.

인생의 한 스테이지씩을 클리어하며, 그렇게 나는 '불행한 사고로 다친 소녀'에서 '여성 장애인'으로, 어제까지 '내가 알던 이소희'에서 '스스로를 놀라게 할 이소희'로 점점 더 변화해 나가고 있었다.

나는
'기특하지만
거기까지인 애가
되고 싶진 않았다
_____

멘탈의 힘 키우기

뛰는 심장으로,

오늘도 세상을 향해
크게 점프!

제3장

_____

내가 누군인지,
제대로 증명하는 길은
결과뿐이라고
생각했다

될 수 있는 최상의 내가 되기 위해,
열정의 원전을 캐라

앞서 말했듯 2년간의 치열했던 공부를 거쳐, 나는 지망했던 모든 대학에 합격했다. 대학만 가면, 그때부터는 꽃길만 펼쳐질 줄 알았으나…; 그럼 그렇지. 역시 세상은 호락호락하지 않았다.

꿈꾸던 대학 생활은 나에게 또 다른 도전의 시작이었다. 홀로 서기는 결코 쉬운 일이 아니었다. 수능이라는 큰 고비를 넘긴 후에 시작된 대학 생활이 조금 더 달콤했더라면 좋았겠지만, 세상은 이번에도 내게 여러 도전할 거리들을 던져주었다.

혼자서 생활하다가 대학에서 각양각색의 친구들을 만나며 새로운 경험들을 하게 되었다. 다양한 과들이 존재하고 다양한 분야와 영역의 친구들에게 자극과 영향을 받을 수 있었다.

나는 남들과 다르긴 했지만 남들과 똑같이 살고 싶었다. 남들과 다른 삶을 살면서 남들과 같아지기 위해서는 몇 배의 노력이 필요하다.

이 노력에는 앉아서 공부하고, 지식을 외우는 것 이상이 포함된다. 면허를 따고 차를 운전하는 것처럼, 학교 생활에서도 도전이 요구되었다.

알다시피 대학교는 한 건물에서만 수업을 듣는 것이 아니다. 다양한 수업을 듣기 위해 캠퍼스 전체를 누벼야 했다. 10분이면 갈 수 있는 거리를 목발을 짚다 보니 30분 가까이 걸려 도착했다. 물론 학교에 도움을 요청해 타인의 도움을 받으며 좀 더 편한 학교생활을 할 수 있었을지도 모른다. 하지만 대학 역시 부모님과 마찬가지로 생각되었다.

내가 대학에서 보내는 시간은 4년이다. 결국 우리는 모두 사회로 나가야 한다. 사회에서 홀로 우뚝 서기 위해선 대학 때부터 대비할 필요가 있었다.

우선 시간을 최대한 절약하기 위해 최적의 동선을 구상했다. 일례로, 오래되어 5층 건물임에도 불구하고 엘리베이터가 없는 건물이 있었다. 다행히 계단이 아닌 경사로로 층이 연결되어 있어 내가 아예 갈 수 없는 곳은 아니었다. 마침 그 건물은 다른 건물과 이어져 있었고, 연결된 건물에는 엘리베이터가 존재했다. 다른 건물에서 엘리베이터를 타고 이동한 후 2층을 경사로로 걸어 강의실로 갈 수 있었다. 두꺼운 법학서를 서너 권씩 짊어지고, 돌고 돌아가는 그 힘든 길을 잘도 다녔다.

이처럼 캠퍼스 안에서 효율적으로 이동하기 위해 남들은

고민하지 않을 이동 동선까지 분초 단위로 구상했지만, 무거운 법전을 지고 건물과 건물을 오가며 수업을 듣는 일에는 역시 상당한 체력이 소진되었다. 한동안은 학교에서 수업을 듣고 온 것만으로 기진맥진해 집에 도착하자마자 뻗어버리는 날이 많았다.

이런 내 상황을 누가 알아줄 것인가. 일상에서 나를 배려하는 사람들이 많다고 해도, 그러한 배려심을 경쟁에까지 투사하지는 않는다. 상대 평가로 학점에 곤두선 대학에서 내 상황을 백분 참작할 교수님은 존재하지 않으며, 설혹 계시다 해도 내가 사양하고 싶었다.

나는 '기특하지만 거기까지인 애'가 되고 싶진 않았다. 내가 누군지, 제대로 증명하는 길은 역시 결과뿐이라고 생각했다.

내가 가진 역량 안에서 최고의 결과를 내려면, 우선 에너지를 이리저리 흩뜨리지 않고 응축할 필요가 있었다. 그러기 위해 나는 다시 내가 하고 싶은 일, 꿈이 무엇인지에 대한 생각에 몰두했다.

○ ● ○

최선의 시간 동안 최상의 결과를 내기 위해서는 열정의 에너지를 한 군데에 쏟아부어야만 한다. 그러려면 목표를 찾는 것이 중요하다.

이때 중요한 점이 있다. 가짜 목표여서는 안 된다는 것이다. 남에게 보여주기 위한 목표, 혹은 내가 동경하는 목표에는 내 안의 열정이라는 기름을 부을 수 없다.

기름은 어디서 나나? 원전에서 얻는다. 우리 마음속에도 열정이라는 기름(에너지)이 솟아나는 원전이 있다.
그럼 그 원전은 어디에 있는가? 기름 나는 땅이 정해져 있듯, 우리 마음에도 마찬가지다. 내가 진짜로 원하는 꿈, 목표가 있는 곳에 열정의 원전이 존재한다.

가짜 목표를 세워놓으면 그런 기름을 얻을 원전 발굴 자체가 안 된다.

내게는 재활도, 법학과 입학도 간절한 목표였다. 3년은 병원 안에서, 2년은 작은 내 집 안에서 그 목표를 향해 나 혼자만의 투쟁을 벌여 왔다.

그러다가 학교와 사회생활을 하다 보니 생각보다 많은 사람들이 '간절함'이 결핍된 목표를 가지고 있다는 걸 알게 되어 놀랐다. "목표인데 왜 그게 1순위가 아니야?"라며 지인의 라이프 스타일에 내심 의아한 적도 있었다.

물론 삶의 매 순간 목표가 1순위일 수는 없다. 뒤에서도 이야기하겠지만, 나 또한 삶의 균형을 중요하게 생각하고 맞추려고 노력한다. 그러나 적어도 열정을 쏟아부으며 매진해야 하는 순간이 있다. 진짜 목표를 향해 절실하게 달리는 사람이라면 그 '순간'을 모를 리 없다.

그런 지인들을 보며 한 가지 깨달은 것은, 남이 제시하는 목표의 종착지는 대개 무기력이라는 사실이었다. 마치 다른 사람이 그린 지도를 따라가다가 자기가 지금 어디 서 있는지조차 모르게 되는 것과 같다. 남의 기대나 사회적인 표준에 맞추려고 하면, 내 내면의 원전이 존재하는 곳을 찾지 못하게 된다.

터지기만 하면 대박이 날지도 모르는 열정의 에너지를 한 번도 경험하지 못하고 살아가게 될지 모른다.

○ ● ○

입학하고 한동안 대학 생활은 정신없이 흘렀다. 곧 중간고사 기간이 다가왔고, 다른 모든 친구들처럼 나 역시 성적에 바짝 신경이 곤두섰다.

얼마 후 다음 학사 일정을 앞두고 학점을 잘 받기 위한 노하우가 공유되고 있었다. 나 또한 관심이 갔다. 점수를 받기 비교적 편한 수업도 있었고, 교양 수업과의 비율 배분도 필요하다는 등의 이야기에 귀를 기울이던 순간, 머릿속에 이런 생각이 들었다.

'나, 여기 뭐 하러 왔던 거지?'

그렇게 간절하게 입학해 놓고 기껏 학점이라니. 무엇을 공부하고 싶어서 온 것인지 잠시 잊고 있었다는 사실을 상기했다.

다시 마음속에 불이 붙기 시작했다.

법학과의 모든 과목에 집중하며, 결과적으로 총 140학점 중 거의 100학점을 법학으로 채웠다. 처음에는 단순히 법률 지식을 습득하는 것이 목적이었지만, 공부를 진행할수록 법학의 매력에 흠뻑 빠져들었다. 사건에 법률을 적용하고, 그에 따라 결과가 도출되는 과정이 흥미로웠다. 법학은 단순한 법리의 해석을 넘어, 사회 정의를 실현하는 데 중요한 역할을 한다는 것을 깊이 깨달았다. 이렇게 내 적성과 잘 맞을 줄은 몰랐다.

특히 사회적 약자를 보호하고 정의를 실현하는 법의 역할에 대해 고민하며, 내가 공부하는 법학이 단순한 학문을 넘어 실질적인 변화를 만들어내는 힘이 될 수 있다는 것을 느꼈다.

덕분에 나의 대학 생활은 단순히 좋은 학점으로 졸업하거나 로스쿨로 가기 위한 여정 그 이상의 시간이 되었다. 진정으로 열정을 느끼는 분야에서의 깊은 탐구와 성장의 시간을 만끽할 수 있었다.

법학에 거의 모든 에너지를 응축한 덕분에 결과도 좋았음은 물론이다.

○ ● ◐

이후에도 삶의 다양한 국면을 맞이할 때마다 나는 열정과 목적을 새롭게 정비하는 시간을 가지곤 한다. 내 열정이 어디서 오는지를 항상 점검한다. 열정의 원전이 터지지 않는다면, 그 목적이 진짜 내가 원하는 목적인지 혹은 타인들에게 영향을 받은 가짜 목적은 아닌지 생각한다.

열정과 목적에 대한 끊임없는 추구는, 결과적으로 나 자신을 깊게 이해하고 나만의 가치를 만들어내기 위한 여정이기도 하다. 헬렌 켈러가 말했듯 "삶이 그대에게 레몬을 준다면, 레모네이드를 만들어야 한다." 나는 내게 주어진 레몬을 받아들이고, 내 방식대로 레모네이드를 만들어가기 위해 나만의 길을 찾길 앞으로도 게을리하지 않을 것이다.

진짜 목적과 열정을 잃지 않는다면, 어떠한 상황에서도 자신만의 길을 찾아갈 수 있다.

가슴이 뛰는 일을 찾아야
목숨 걸고 할 수 있다

나는 나에게 그렇게 초인적인 힘이 있는 줄 몰랐다. 장장 닷새에 걸쳐 치러지는 변호사 시험 때의 이야기다.

변호사 시험은 매년 1월에 시행된다. 로스쿨을 졸업하거나 졸업 예정이어야 하고, 석사 학위를 취득한 달의 말일부터 5년 이내 단 5회만 응시할 수 있다. 낙방하면 1년을 더 준비해야 하고, 졸업으로부터 5년이 지나면 응시 자격마저 잃게 되는 무자비한 시험이다.

시험 일정은 더욱 가혹하다. 5일 중 중간에 하루를 쉬고, 아침 10시부터 저녁 7시까지, 무려 9시간에 걸쳐 시험을 치른다. 아무리 각오를 했다 해도, 경험하면 당황스러울 정도의 살인적인 일정 때문에 몸이 엄청나게 상했다.

변호사 시험이 얼마나 힘든지 아는 사람들은, 단지 어려워서가 아니라 신체적으로도 굉장한 체력을 요구하기에 내가 감당하기는 어려울 것이라 말했었다. 건강한 비장애인도 공부가 모자라서가 아니라, 체력이 못 받쳐주어 결국 낙방하기 쉬운 것이 대한민국 변호사 시험이라는 것이었다.

시험 날짜가 임박해지니 머릿속에 시험만 생각났다. 변호사 시험이 총 5번의 기회가 있다고 하지만, 한 번에 붙지 못하면 다시는 나에게 기회가 오지 않을 것만 같았다. 왜냐하면 건강이 안 좋아지는 게 점차 느껴졌기 때문이다. 잠을 줄이고, 평소보다 앉아 있는 시간도 늘어나 근력도 많이 떨어졌다. 그렇다면 내년엔 지금보다 더 안 좋은 컨디션으로 공부를 해야 하는데 정말 그럴 자신이 없었다.

더 많은 시간을 공부에 몰두할 수밖에 없었다. 몸이 안 좋아지는 것이 느껴짐에도 애써 외면했던 것 같다. 무조건 이번에 끝을 봐야 한다는 생각뿐이었다.

5일간의 시험은 정신없이 지나갔다. 고도의 정신력과 체력을 동시에 요하는 시험이다. 하루만 치러도 에너지가 바닥까지 고갈되는 것이 느껴졌다.

주변 사람들은 내게 "넌 정말 멘탈이 강해", "이소희는 몸이 불편해도 멘탈 하나로 버티지"와 같은 말을 자주 한다. 어떤 의미에서 하는 말인지 이해가 되긴 한다. 물론, 강한 정신력도 없진 않을 거다. 실제 체력이 바닥인데 정신력으로만 버틸 수는 없는 노릇이다. 하지만 정신력만으로는 분명 한계가 있을 수밖에 없다. 그래서 지인들의 위와 같은 말을 들을 때면 정신력이 전부는 아니라고 생각하곤 한다.

다만, 변호사 시험에 있어서만은 전적으로 동의할 수 있다. 말 그대로 순전히 정신력으로만 버텼다. 시험 4일 차에는 시험을 마치고 나니 다리에 힘이 하나도 남아 있지 않아 같은 시험장에서 시험을 치르던 친구가 안아서 차에 실어주기도 했다.

이렇게 5일간 거의 목숨을 걸고 시험을 치렀다. 죽어도 여기서 죽겠다는 각오였다. 통증이 엄습할 때면, 퇴원해서 다시 학업으로 돌아간 이래 한 번도 변함없이 꿈꿔온 변호사라는 목표에만 집중했다.

○ ● ●

얼마 전 인터넷 서점을 둘러보다가 ≪잘하는 것도, 하고 싶은 일도 없다는 너에게≫라는 책의 제목을 보았다. 〈미로 같은 현실을 탈출하기 위한 '내 꿈 찾기' 프로젝트〉라는 부제가 붙은 책이었다. 제목에 많은 여운이 남아서 나의 십 대 시절을 되돌아보게 되었다.

생각해 봤다. 어린 시절, 내겐 어떤 재능이 있었을까?

사고 전 내가 가장 잘하던 것은 운동이었다. 재능까지는 모르겠으나, 적어도 달리기 하나만큼은 누구에게도 지지 않을 자신이 있었다. 그랬던 내가, 하루아침에 가장 잘하던 일을 할 수 없게 된 것이다.

그것은 상실이었다. 단지 다리의 기능을 잃은 것이 아니라, 삶의 일부분을 그대로 상실한 것이었다.

상실감은 마음속에 큰 구멍을 만든다. 커다란 싱크홀 같은 구멍에 빠져버리면 그대로 절망 속에 빠져버릴 것 같은 기분에, 어린 마음이지만 상실감을 대체할 무언가를 찾아내야만 한다고 생각했었다. 그 커다란 구멍을 메꿀 만한 다른 삶의 원천을 찾아야만 한다고 말이다.

그러던 중 책과 신문을 읽으며 변호사라는 직업에 매료된 것이었다. 지금 와서 생각하면, 상실감이 컸던 만큼 반대급부로 새로운 목표와 꿈에 강렬하게 이끌렸던 듯하다.

이별의 아픔은 새로운 사람을 만남으로써 치유된다고 하던가. 상실감도 마찬가지인 듯하다. 변호사가 되어 어려운 사건을 변론하고, 자신을 대변하기 어려운 약한 사람들의 대변인이 되어 멋지게 승소하는 나의 모습을 상상하면 가슴이 두근거렸다. 가슴을 뛰게 하는 꿈을 찾아나감에 따라, 마음속 검은 싱크홀은 점차 옅어졌다.

꿈을 찾으면 미로에서 벗어날 수 있으리란, 저 책의 부제는 정말 옳다. 미로의 출구를 꼭 찾아야만 탈출할 수 있는 것은 아니다. 꿈을 향해 돌격하는 과정에서 미로의 벽을 뚫고 나가, 미로 밖의 넓게 트인 새로운 길을 마주할지 또 누가 안단 말인가.

꿈은 열정의 다른 말이다. 가슴을 뛰게 하며, 아무것도 안 먹어도 에너지가 넘치게 만든다. 삶을 긍정적으로 변화시키는 가장 큰 요소이기도 하다. 하지만 가만히 있는다고 열정이 찾아올까?

당시에는 의식하지 않았지만, 그 시절 나는 열정의 대상을 열심히 찾았었다. 재활을 넘어 더 먼 미래의 목표를 찾아 책을 읽고 기사를 탐독했다. 호기심이 드는 것이면 닥치는 대로 봤는데, 어느덧 관심사는 주로 법과 사건에 관련된 것들로 집중되었다. 그러한 탐구 과정 속에서 자연스레 목표가 형성되었고, 목표를 상상하는 것만으로도 열정과 꿈이 점차 생겨났다.

열정은 찾아오는 것이 아니라 적극적으로 찾아가야 하는 것이라 생각한다. 가슴이 설레는 무언가를 발견한다면, 그것에 더욱 집중하고 깊이 파고들어야 한다고 믿는다. 그것이 진정한 꿈으로 발전할지, 단지 일시적인 관심으로 끝날지 모르지만, 그 과정 자체가 나를 성장하게 하는 중요한 여정이라는 것을 알게 되었다.

입시부터 변호사 시험, 그리고 훗날 공기업 입사를 위한 시험까지 정말 긴 수험 생활을 거치는 동안 좌절하거나 신체적으로나 정신적으로 가라앉을 때도 적지 않았다. 그럴 때마다 멋진 변호사라는 꿈은 내게 커다란 에너지의 원천이 되어 주었다.

생각만 해도 심장을 뛰게 하는 열정은 힘든 공부 과정 내
내 즐거움과 흥미를 더해주었다. 고통스러워도 죽을 각오로
해낼 수 있었던 건, 목숨 걸고 한다는 마음으로 5일의 변호
사 시험에서 거의 초인적인 힘을 발휘할 수 있었던 건, 내가
심장이 간절히 소망하는 꿈을 향해 전진했기 때문이었다.

어느 날, 예고 없이
완전히 다른 형태의 시련이 찾아왔다

열다섯 살 이후로, 나의 시간은 주변 사람들보다 한참 느리게 흘러가는 듯했다. 이동에 필요한 시간은 다른 이들의 두 배 이상이었고, 학업에서의 공백도 나의 늦춰진 시계 중 하나였다.

세상은 나를 기다려주지 않는다는 것을 알기에, 나는 부지런히 세상의 속도를 쫓아가기 위해 애써야만 했다.

부단한 노력으로 많은 것을 이길 수 있다고는 하지만, 분명 그에는 한계가 존재한다. 인간의 에너지는 무한하지 않으며, 방전의 순간은 늘 예고 없이 찾아온다.

사람들에게 "대학을 졸업한 후 로스쿨에 진학해서, 변호사 시험 또한 낙방 없이 합격했습니다"라고 말하면 다들 내가 굉장히 무난한 과정을 밟아온 줄 안다.

앞에서 말했다시피 변호사라는 꿈은 나의 목표이자 자부심이었다. 단 한 번도 바뀐 적 없이 그 꿈만을 바라봤기 때문에 변호사가 됐을 때 이루 말할 수 없이 기뻤다. 한 일주일 정도는 입이 귀에 걸려 살았던 것 같다. 정말 가만히만 있어도 웃음이 나고 가슴에 큰 덩어리가 쑥 내려간 기분이었다.

하지만, 아쉽게도 이 기쁨은 얼마 가지 못했다.

변호사 시험에 합격하면 변호사가 되는 것은 맞지만 변호사로서 일을 하는 건 또 다른 문제였다. 사실 대부분 변호사가 시험만 합격하면 변호사로서의 삶을 살아가게 된다. 그러나 나만은 예외였다.

변호사 시험을 합격하고 로스쿨 동기들이 하나둘씩 취업

을 하며 떳떳한 사회인으로 한 발 한 발 나아가는 것을 옆에서 지켜봤다. 초연해지고 싶었지만 당시만 해도 그럴 수 없었다. 나도 사회인으로 스스로 경제적 활동을 하고 싶었고, 그런 삶을 바라며 오랫동안 공부했다. 그런데 열심히 일하겠다는데도 나를 써주는 곳이 없었다.

　장애가 있다 보니 입사 원서를 쓰면서도 남들보다 고려해야 할 사항들이 많았다.

　건물에 휠체어가 들어갈 수 있는지가 우선적 기준이었다. 차 없이 이동할 수 없어 주차장이 있는지, 2층 이상이면 계단으로 갈 수 없으니까 엘리베이터가 있는지, 장애인 화장실이 별도로 존재하는지 등을 먼저 점검하고 원서를 써야 했다.

　직접 다 가볼 수 없어 인터넷 포털 사이트 맵 지도들의 거리 뷰를 아주 열심히 들여다보았다. '아, 여기는 주차장이 없어서 나는 갈 수 없겠구나.' 이런 것을 다 따지면 실상 내가 원서를 낼 수 있는 곳은 그리 많지 않았다.

　겨우 갈 수 있는 곳을 찾아 원서를 쓰면 번번이 미안하다는 메일을 받았다. 아마 모든 취업준비생들은 공감할 것이다. 그놈의 불합격 소식은 받아도 받아도 익숙해지지 않는다. 하루 종일 마음이 씁쓸해지는 것은 어쩔 수 없었다.

나는 항상 자기소개서에 장애 여부를 기재했다. 업무에 필요한 나에 대한 정보를 다 주고 나를 평가받는 것이 맞다고 생각했다. 그러다가 서류에서마저 계속 떨어지니 한 번은 장애 여부를 적지 않고 원서를 제출한 적이 있다. 서류 통과 후 면접을 보러 갔는데, 내가 들어서자마자 당황하는 모습을 잊을 수 없다. 덩달아 나도 당황스러워졌다. 그다음부터는 꼭 장애 여부를 기재했다. 나 스스로 떳떳하고 싶었다.

○ ● ◐

좌절스러운 마음이 아예 안 드는 것은 아니었지만, '이 정도에 낙담할 내가 아니다!' 생각하며 크고 작은 로펌의 문을 두드리고 또 두드리던 어느 날.

그날도 자기소개서를 쓰기 위해 컴퓨터를 켰다. 바탕화면

이 켜지고 패스워드를 눌러야 하는데, 손가락이 움직여지지 않았다. 건강의 이상이 아니었다. 정말 아무것도 하고 싶지 않다는 마음이 때문이었다.

손 하나 까딱하기 싫다는 무기력한 심정이 실질적인 무게로 다가왔다. 피로하다거나 몸이 힘들다는 느낌과는 완전히 다른, 말 그대로 에너지가 고갈되었다는 느낌이 장마철 먹구름처럼 몰려왔다.

그렇게 찾아온 슬럼프는 입시를 준비하던 시절 겪었던 것과는 완전히 다른 모습이었다.

○ ● ○

생각해 보면 말도 안 되는 상황이었다. 수능 공부와 로스쿨, 변호사 시험까지 잘 이겨내 왔는데 갑자기 슬럼프라니. 이루 말로 표현할 수 없이 힘들고 고통스러울 때조차 뻗은 적이 없었는데, 아무 일 없는 일상 속에서 어느 날 갑자기 추진력을 상실한 기분이었다. 완전히 소진된 기분으로, 그날은 자소서 쓰기를 포기하고 하루 종일 누워만 있었다.

'충분히 쉬면 나아지겠지'라고 생각하면서.

그러나 웬걸. 이튿날은 침대에서 일어나기조차 어려운 상태가 되어 있었다.

가장 큰 문제는 누워서 이런저런 생각을 하다 보니 자꾸 회의적인 방향으로 사고가 뻗어나가는 것이었다. 변호사가 되겠다는 열정으로 지금까지 달려온 날들이 겨우 이런 결말을 맞게 되는 것인지, 결국 내가 겪을 수밖에 없던 현실의 벽에 부닥친 것이 아닌지 생각했다.

'시험이나 공부의 결과는 어떻게든 나의 의지로 성취할 수 있는 것이었다. 그러나 취업은, 사회는 나의 의지로 되는 일이 아니야.'

한 번이라도 슬럼프를 경험해 본 사람들은 알 것이다. 이제까지는 열정을 주던 일이 갑자기 매력적으로 느껴지지 않는다. 내가 성취해 온 크고 작은 과거의 성공들은 사실 별 것 아닌 것으로 여겨지고, 갑자기 미래를 상상하기가 힘들어진다. 몸을 일으켜 조명도 켜기 싫어진 나머지 마음뿐 아니라 몸마저 껌껌한 어둠 속에 놓이게 된다.

그렇게 부정적인 생각에 갇혀 꼼짝하기 싫은 채로 며칠이 지났다. 마음이 조급해지기 시작했다. 무기력한 상태에서 빨리 벗어나야 할 텐데, 시간만 흐르는 와중에 몸도 마음도 말을 듣지 않는 것이 짜증스럽고 속상하게 느껴지던 중. 예전에 벽에 붙여 두었던 글귀가 눈에 들어왔다.

"삶이 그대에게 레몬을 준다면, 레모네이드를 만들어라."
앞에서도 언급했듯, 헬렌 켈러의 말이다.
머릿속에 질문이 떠올랐다.
'이 상황도 삶이 주는 레몬이라고 볼 수 있을까?'

그때까지는 갑자기 찾아온 무기력과 회의감 따위를 대체누가 알아줄 것인가라는 생각을 가지고 있었다. 그러나 실제 겪는 심적인 고통을 생각할 때, 누가 보아도 힘들고 고통스럽겠다고 인정하는 객관적인 문제뿐 아니라 지극히 주관적인 문제 또한 삶의 레몬임이 분명해 보였다.

　도전적인 상황에는 도전으로, 악착 같이 삶의 레모네이드를 만들어야 할 것이다. 그리고 실제로 그렇게 살아왔다. 그렇다면 완전히 몸과 마음이 가라앉아 견디기 힘들 정도로 무거워진 상황에서는 어떻게 해야 할까?

　'슬럼프, 무기력, 낙담과 같은 레몬이 주어졌을 때는 어떤 레모네이드를 만들어야 할까?'

　머릿속에 또 다른 질문이 떠오르기 시작했다.

삶이 레몬을 주었으니
정말 맛있는 레모네이드를 만들 차례다

헬렌 켈러의 명언은 십 대 시절, 장애를 극복의 대상이 아닌 삶의 일부로 받아들이는 데 큰 힘이 되었던 말이었다.

나는 나에게 주어진 이 엄청나게 신 레몬으로 그 누구의 것보다도 청량한 레모네이드를 만들어낼 수 있을 것이라고 생각해 왔었다. 실제로 크든 작든 나름의 성공은 저마다 짜릿한 기쁨을 주었고, 성취의 희열을 추진력 삼아 계속해서 에너지를 불태울 수 있었다.

지금도 혹시 그런 상황은 아닐까, 생각하자 실마리가 보이는 듯했다. 예전에도 겪어본 사고의 과정을 따라 다시 찬찬히 길을 찾아보기로 했다.

○ ● ●

첫 번째 단계는, 내 손에 지금 레몬(삶의 어려움)이 주어졌음을 솔직하게 인정하는 것이다.

슬럼프, 무기력, 회의감과 낙담 또한 어느 날 갑자기 내게 주어진 어려움이었다. 우울증이나 공황장애가 그렇듯, 비록 질병까지는 아니더라도 나의 의지나 의도와 무관하게 발현된 심리 상태라는 데 생각이 이르렀다.

두 번째 단계는, 주어진 레몬으로 어떤 레모네이드를 만들지 상상하는 것이다.

나는 노란색, 파란색 혹은 다홍색 레모네이드를 머릿속에 그리며 이름을 붙이곤 했다. '결국 이기는 나', '강인한 심장' 같은 이름을 붙여 마치 게임 속 포션처럼 상상 속 레모네이드를 제조한다. 내게 주어진 레몬의 신맛이 더 훌륭한 레모네이드의 재료가 되어줄 것이라는 믿음을 가지고.

이 같은 '레모네이드 포션 제조'를 하나의 전략으로 만들어 놓으면 도움이 된다. 생각이 부정적으로 흐를 때마다 사고의 흐름을 긍정적으로 바꿔주는 전환 요소로 활용한다. 어떤 레몬(역경)이든 내게는 짜릿한 맛의 레모네이드 재료인 것이다!

이 경우에는 '2보 전진을 위한 1보 후퇴'라는 이름을 붙였다. 생각해 보면 결코 짧지 않은 여정이었다. 대학 입시 준비에서부터 변호사 시험에 이르기까지 무려 10년의 세월을 쉴 틈 없이 전진해 온 것이었다.

변호사라는 봉오리를 향해 악착 같이 등반하여 마침내 그 산에 올랐으니, 잠시 쉬며 이제부턴 어느 방향으로 가야 다음 정상에 등반할 길이 나올지 찾아볼 차례였다.

○ ● ○

사회적 약자를 대변하고 정의를 실현하는 법조인이 되겠

다는 것은 그야말로 큰 꿈이다. 그러한 미래를 그리기 위해서는 실무의 경험을 쌓아야 하고, 그러려면 우선 취업이 되어야 한다. 방향을 틀어 일반 로펌보다는 공기업 입사에 필요한 시험 준비에 나섰다.

공기업은 필기시험을 별도로 본다. 그렇다면 오히려 내 실력을 더 당당하게, 공정하고 투명하게 나를 평가해 줄 거라 판단했다. 다시 시험 공부를 해야 하는 것이 압박으로 다가오긴 했다. 적어도 이런 시험은 변호사 시험으로 끝일 줄 알았다. 친구들은 로펌이나 사기업에 취업해 같이 공부할 친구들이 없으니 더 하기 싫은 마음이었다. 강제적으로 나를 장시간 책상에 앉힐 방법이 필요했다.

○ ● ◐

규칙적인 루틴을 만들었다. 마음이 힘들수록 규칙적인 생활을 하지 않으면 더 쉽게 무너진다. 취업 준비 기간도 더 길어질 수밖에 없다. 일정한 생활을 통해 작은 목표들을 완성해 가며 내 인생을 잘 이끌어 가야 한다.

공부 시간을 스톱워치로 체크해 친구에게 인증샷을 보내기도 했다. 약속에 따른 책임감이 생기기도 하고, 목표치를 하지 못했을 때 친구에게 창피하니 더 열심히 하려는 마음도 생겼다. 무엇보다 직접적으로 내 노력을 알아주는 사람이 있는 것도 좋았다. 필기시험을 준비하는 동안 사람을 만나기도 어려웠기에, 소통 창구의 느낌도 있었다. 시험 막바지에는 공부 시간을 점점 늘려가며 인증하는 맛도 있다.

앞에서도 얘기했듯 공부 환경은 언제나 중요하다.

지금까지 내가 편하게 공부했던 공간 중 하나가 내가 다니던 대학교였다. 당시 내가 살던 곳에서 대학교까지는 왕복 2시간 정도 소요됐다. 그 시간이 아깝다는 생각도 들었지만, 마음 놓고 공부할 수 있는 공간이 필요했다.

학교는 장애인 편의시설도 잘 돼 있고, 내가 가기 불편하지 않은 곳에 편의점이 있어 끼니를 때우기도 적당했다. 또 친구들도 아니고 일면식도 없는 사람들이지만 공부라는 무거운 공기를 같이 마시고 있는 이 순간, 도서관에서 함께 공부하는 사람들이 마치 동지처럼 느껴지기도 했다. 도서관 창밖을 바라보면 가끔 한숨이 나오기도 했지만, 버텼다. 시간이 흐를수록 공부 습관이 들었고, 흐름을 타기 시작하니 멍하니 창밖을 바라보는 시간도 절로 줄어들었다.

필기시험을 준비하며 틈틈이 자기소개서도 충실히 작성하려 노력했다. 내가 자기소개서를 쓸 때 주의하는 것들을 간략하게 알려주고 싶다.

첫 번째는 꼭 첨삭을 받으라는 것이다. 주변을 한 번 둘러보면 분명 나보다 글을 조금은 잘 쓰는 친구가 한 명 정도 있을 것이다. 자기소개서를 보여주는 걸 마치 나의 치부를 보여주는 것처럼 생각하는 사람들도 많은 듯하다. 하지만 내가 미처 놓치고 있는 부분이 있을 수 있다.

나는 처음에는 5명 이상의 친구들에게 자기소개서를 보여줬다. 글을 잘 쓰고 못 쓰고를 떠나 내 자기소개서를 나 아닌 타인이 객관적으로 봐주길 바랐다. 주의 깊게, 관심 있게 읽어준 친구들에게 매우 감사했다. 하지만 내 생각만큼 객관성이 담보되기는 어려웠고, 더구나 사람마다 의견이 달라 코멘트를 받는 족족 수정하다 보니 어느 순간 자기소개서에서 내 색깔이 없어져 버렸다. 아차 싶어 다음부터는 최대 3명에게만 자기소개서 첨삭을 받았다. 물론 학원이나 전문가에게 첨삭을 받을 수 있다면 좋겠지만, 그렇지 않더라도 꼭 타인에게 한 번쯤 보여주면 좋겠다.

　두 번째는 누구에게 읽히기 위한 글을 쓸 땐 항상 독자를 생각해야 한다는 것이다. 자기소개서도 마찬가지다. 자기소개서를 읽는 사람은 나를 뽑는 사람이다. 하지만 대부분 구직자들은 내가 뽐내고 싶은 것, 내가 잘한다고 생각하는 것 위주로 작성한다. 회사에서 뽑고 싶은 사람은 그런 사람이 아니다. 우리 회사에서 원하는 인재상인지, 우리 회사와 잘 어울릴 수 있는지를 보는 것이다.
　지금 자기소개서를 한 번 확인해 보자. 내가 지원하려는 회사에서 원하는 인재상이 아닌데 내가 잘했다고 생각하는 것을 적은 건 아닌지 점검하자. 최대한 회사의 인재상과 연계될 수 있는 소스를 만들어 작성하면 좋다.

면접도 엄청 떨리는 것이 사실이지만, 뻔한 말 같아도 내가 가고 싶은 회사에 대해 모든 걸 최대한 준비하면 마음이 놓인다. 나는 회사의 모든 정보를 다 습득하겠다는 마음으로, 사장이나 임원진 인터뷰를 많이 봤다. 두세 번씩 정독하며 주로 쓰는 워딩을 따로 뽑아 놓았다. 그것이 이 회사의 핵심가치일 것이라 생각했고, 어떤 질문을 받더라도 그 핵심 가치와 엮어서 답하려고 노력했다. 그 핵심 가치가 당장 질문과 관련이 없어도 마무리로 그런 인재가 되겠다고 외치기도 했다.

그리고 반드시 영상으로 자기 모습을 찍어보면 좋겠다. 스터디를 한다면 팀원들과 함께 돌려보는 것이 제일 좋다. 스터디를 하지 않는다면 친구나 가족과 공유해도 좋다. 영상을 보며 다른 이들과 함께 나의 스피치 장단점을 찾아가는 게 정말 중요하다.

사실 정말 민망한 일이다. 영상에 나오는 내 얼굴이 오징어 같기도 하고, 내가 저렇게까지 못생겼나 싶을 것이다. 하지만 계속 보다 보면 익숙해진다. 장단점을 명확하게 구분하고 나서는 단점을 고치기 위한 연습을 하게 되는데 당연히 단시간에 잘 고쳐지지 않는다. 이럴 때, 실제 면접장에는 하나만 명심하고 들어가면 된다.

나는 말을 할 때 손을 많이 쓴다는 지적이 있어, 앞에 테이블이 있다면 공손히 두 손 모아 테이블을 잡거나 없다면 두 손을 다리 위에 올려두었다. 또 한 번은 너무 안 웃는다는 피드백을 받고 '무슨 일이 있었도 웃자, 웃자, 웃자'만을 되뇌고 간 적도 있다.

취업이든 시험이든 주변 사람들을 많이 이용했으면 좋겠다. 이용이라는 표현이 적절하지 않다고 생각될지 모르겠다. 나는 관계란 서로서로 이용하는 것이라고 생각한다. 일방이면 안 되지만 서로 이용하는 건 괜찮다. 내가 힘들 때 친구가 나를 위로해 주고, 친구가 힘들면 내가 가서 위로해 주면 된다. 그런 상호작용들이 중요하다.

세상에 완벽한 사람은 없다. 다 조금씩 부족한 부분을 가지고 있기 때문에 서로 보완이 필요하다. 취업을 준비할 때도 주변 친구들의 지인까지 동원해 회사에 관한 정보를 얻으려고 노력했다. 나중에 내가 다니는 회사에 취업하고 싶어하는 친구들에게 나도 똑같이 해주었다. 그렇게 갚아가면 되는 것이다.

○ ● ◐

이처럼 무엇을 향해 어떤 일을 해야 할지가 뚜렷해지자 회의감과 무력감이라는 안개가 걷혀 나가는 듯했다. 레몬을 레모네이드로 만들어나가는 사고의 과정을 거쳐, 생각보다 빠르게 슬럼프의 터널을 빠져나올 수 있었다.

부정적인 생각이 들 때는
손이라도 움직여라

한때 내가 가장 듣기 싫어하는 말 중 하나가 "너는 약해"라는 말이었다. 나의 나약함을 인정하기 싫었다. 심지어 "너는 강해, 심지어 독하기까지 해"라는 말을 들어야 기분이 좋았다.

그런데 하루는 친구와 통화를 하는데, 친구가 내게 이렇게 말하는 것이었다.

"너무 강해지려는 게 오히려 네가 약해서인 것 같아."

그 말에 마치 한 대 얻어맞은 듯했다. 그때 내 마음속에는 버티고 세워야 할 삶의 무게가 산처럼 높은데, 자칫 약함을 인정하는 순간 모든 것이 무너져 내리지 않을까 하는 두려움이 있었다. 인정해 버리면 지금까지 버텨온 노력이 수포로 돌아갈 것만 같았다.

"나도 알고 보면 약한 사람이야."

이 말을 웃으며 하기까지 시간이 걸렸다. 나의 약한 면모를 받아들이기가 쉽지 않았기 때문이다.

이때 독서가 많은 도움이 되었다. 대부분의 문학들은 인간의 나약함과 어리석음에서 비롯된 일련의 사건을 통해 이야기가 전개된다. 이런 책들을 읽으면서 인간이란 본질적으로 나약한 존재라는 사실을 깨달았다. 나 또한 예외가 아니라는 것도.

인간은 누구나 나약하다. 이 사실을 인지한 뒤로 나의 나약함을 인정할 수 있었고, 나의 나약함을 인정하고 나니 강해져야 한다는 강박감에서 벗어나 진정으로 강한 멘탈을 기를 수 있었다. 이것은 나를 나약한 인간에 가두고자 하는 게 아니다. 힘듦을 인정하는 것과 마찬가지로 나의 나약함도 인정하고 난 후에 비로소 그다음 스텝으로 넘어갈 수 있었다.

머릿속 생각만으로 마음을 잡기는 쉽지 않다. 그럴 때마다 글을 썼다. 글의 형식은 일기가 될 때도 있고, 짤막하게 머릿속에 있는 생각을 정리할 때도 있었다. 항상 강조하지만 부정적인 생각을 멈추는 것이 중요하다.

사실 부정적인 생각을 멈추는 방법 중 가장 좋은 것은 몸을 움직이는 것이다. 하지만 나는 산책이나 달리는 것 자체가 불가능하기 때문에 대신 손을 움직였다.

부정적인 생각이 들 때면 무엇이 불안한지 생각나는 대로 적어본다.

그리고 마음속으로 내게서 한 발짝 떨어져 물어본다.

'방금 내가 쓴 저 생각들은, 사실인가 아니면 단지 가능성인가?'

'사실이 아니라 확률이라면, 그 확률을 피하거나 줄일 방법은 없을까?'

이처럼 부정적인 생각을 확인하고, 다른 방법은 없는지에 관해 손으로 글을 써가며 마음을 진정하려고 노력했다.

부정적인 생각은 왜 이렇게 잘 때 많이 나는지. 복잡한 상황이나 어려운 일을 앞두면, 뒤에서 소개할 '잠들기 전 루틴'을 하고도 마음이 잘 다스려지지 않을 때가 있다. 이처럼 부정적인 생각이 들어 잠을 이루기 힘들 때를 대비하여 침대 옆에 항상 노트와 펜을 구비해 뒀다.

○ ● ◐

하루를 마감하며 쓰는 잠들기 전 일기 외에, 별도로 감사일기장도 만들었다.

처음에는 잘 생각이 나지 않는다. '대체 뭐가 감사하지?' 바로 감사한 것을 쓰고자 하면 막막하다.

하지만 잘 생각해 보자. 너무 익숙해져서 당연하게 생각하고 사는 것들이 없는지. 나는 두 눈으로 볼 수 있어 감사하다. 맛있는 밥을 맛있게 먹을 수 있어 감사하다. 음악을 들을 수 있어 감사하다' 등 가까이서 느낄 수 있는 것부터 시작하곤 한다.

많이 적을 필요도 없다. 처음에는 1개에서 조금씩 늘려 하루에 최대 5개 적는 것을 목표로 삼았다. 이렇게 생각하면 '진짜 다행이다'라는 생각이 많이 든다. 나 자신의 상황을 좀 더 긍정적으로 바라볼 수 있게 된다.

단호하지만 친절한,
진심으로 나를 아끼는 코치처럼

어떤 사람들에겐 내가 스스로에게 지나치게 엄격한 사람으로 보일지도 모른다. 실제로 나는 신체적, 정신적 한계를 끊임없이 시험하며 한계까지 밀어붙이는 경향이 있다. 남들보다 수 배, 수십 배의 노력이 필요했던 상황들이 많았기 때문이다. 정말 악바리처럼 해내지 않으면 안 되었기에 그럴 수밖에 없었다.

그러나 이것은 목표를 성취하기 위한 방법이고, 사실 내적으로 나는 자신에게 굉장히 친절한 사람이다. 스스로를 격려하고, 응원하며, 항상 최선을 다해 잘 대하려 노력한다. 나를 과도하게 다그치거나, 비난하거나, 화내는 일은 없다. 결국 나는 부정적인 자기 대화에 빠지지 않도록 항상 조심한다. 한 마디로 나 자신을 부정적으로 대하지 않으려고 노력한다.

물론 쉽지 않을 때도 있다. 슬럼프 상황에서도 마음이 조급해지자 나 자신에 대한 다그침 같은 부정적인 생각이 머리를 가득 채우곤 했다.

'너 지금 뭐 하는 거야? 시간만 낭비하고 있잖아!'

하지만 중요한 것은 이러한 자신을 향한 비판과 분노의 말들이 머릿속에 나타났을 때, 그것을 빠르게 인식하고 생각의 방향을 긍정적으로 전환시키는 것이다.

이를 위한 방법 중 하나는, 내게 영감을 주는 긍정적인 문장들을 눈에 잘 띄는 곳에 적어두는 것이다. 예를 들어, 앞서 언급했던 헬렌 켈러의 명언처럼 내게 영감을 주는 문장들은 마음이 힘들 때 즉각적인 위안과 도움을 줄 수 있다. 꼭 명언이 아니어도 되고, 멋지지 않아도 되니 내 마음에 어떤

울림을 주는 문구를 본다면, 바로 적어서 잘 보이는 것에 두
도록 하자.

○ ● ○

　내 방에 붙어있는 긍정의 말들이나 자주 사용하는 노트
에 적힌 문구 중에는 유명한 명언이나 책에서 본 문장 외에,
나 자신으로부터 나온, 나를 위한 말들도 있다.

　나는 종종 나 자신의 가장 좋은 코치가 되어 필요한 순간
마다 적절한 말을 내게 건네준다. 때로는 현실을 직시하게
하는 돌직구를 날리고, 때로는 따뜻한 위로를 주며, 또 때로
는 앞으로 나아가야 할 방향을 제시하는 조언자가 된다. 이
말들은 나를 이끄는 내면의 나침반과도 같아, 언제나 나를
올바른 방향으로 인도해 준다.

　이를 테면 이런 문구들이다.

　"나는 오늘도 한계를 넘어선다."

"힘들어도, 나에게는 일어날 힘이 있다."

"나의 노력은 나를 성장시킨다."

"삶에 최선을 다하는 내가 세상에서 제일 멋있다."

○ ● ○

실제로 훌륭한 코치들은 선수들의 잠재력을 극대화하기 위해 훈련 중에 선수들을 한계까지 몰아붙인다. 선수들에게 도전적인 목표를 설정하고, 그들이 익숙한 영역을 넘어서며 잠재력을 발휘할 수 있도록 독려하기 위해서다.

그러나 시합의 결과가 기대에 못 미친다고 해서 비난하거나 화를 내지는 않는다. 목표는 훈련과 실수를 통해 학습하고 성장하는 것이기 때문이다. 그러한 과정에서 코치는 선수들이 자존감과 자신감, 탄력성을 키울 수 있도록 멘토링을 제공하며, 지속적인 개선과 성장을 돕는다.

손흥민 선수의 아버지 손웅정 씨는 아들에게 기술과 지구

력, 정신적 강인함을 강조하면서 매우 힘든 훈련을 시켰다. 그는 "아비가 아니"라는 말을 들을 정도로 한계까지 밀어붙이는 트레이닝을 계속했지만, 그럼에도 "내가 낳았지만 아이들은 또 다른 인격체"라고 존중하는 마음을 잃지 않았다.

손웅정 씨의 이야기를 통해 엄격한 훈련과 지지적인 멘토링이 결합되어 얼마나 놀라운 성장과 성공을 거둘 수 있었는지, 생생한 사례를 확인할 수 있었다.

무엇보다 감명 깊었던 것은 2019년 유럽축구연맹 챔피언스리그 결승전에서 진 손 선수에게 들려준 말이었다. 그는 울면서 자신에게 오는 아들을 꼭 안아주며 다치지 않아서 괜찮다, 잘했다고 말해주었다 한다.

손웅정 씨 같은 코치가 되어줄 어른은 흔치 않다. 훌륭한 부모님이나 선생님이 계시더라도 내 삶에 코치가 될 수 있느냐는 다른 문제다. 무엇보다도 성인인 이상, 우리는 스스로 나 자신을 성장시켜야만 한다. 나 스스로가 나만의 훌륭한 개인 코치이자 최고의 멘토가 되어야 한다. 훈련, 건강, 영양, 그리고 정신적인 지점까지 모든 면에서 코치가 선수를 돌보

듯 나 자신을 돌봐주어야 한다.

○ ● ◐

개인적으로, 내면의 힘은 나 자신과 약간 거리 두기를 할 때 오히려 잘 계발될 수 있다고 생각한다. 한 발짝 떨어진 관점에서 나의 객관적인 상황, 내 생각과 신체적이고 심리적인 상태를 파악하면 자기연민 혹은 자기비판에 빠지지 않고 보다 발전적인 방향으로 나아갈 수 있다.

그런 면에서 자신의 코치가 되어 스스로를 훈련시키고, 조언하고 격려하며, 자신을 돌보는 것 또한 좋은 전략이 아닐까. 그냥 코치가 아니라, 멋지고 위대한 나를 만들어낼 훌륭한 개인 코치가 되어주는 것이다. 다른 누구도 아닌 바로 나 자신에게.

오로지 나만을 위한
마음속 개인 코치가 되어주자

성인이 되어 고된 슬럼프를 겪은 이후에는 '코치의 눈으로 나 자신 바라보기'를 더욱 의식적으로 하고자 했다. 어느 순간 스스로에게 객관적이고도 건설적인 피드백을 주지 못하면서 슬럼프에 빠졌다는 생각이 들었기 때문이다.

만약 내가 꾸준히 스스로에게 피드백을 제공하고 있었다면, 에너지 방전 상태에 이른 것을 빠르게 인지하고 변호사가 된 후 필요한 다음 단계의 준비에 대해 더 일찍 알아차렸을 것이다. 앞으로 나아갈 길에 있어서 보다 명확한 방향성과 준비성을 갖추고, 지친 몸과 마음을 이끌어줄 수 있었을 것이다.

외부 피드백은 타인으로부터 오는 반면, 자기 피드백은 자기 성찰과 인식에서 온다. 가만히 떠오르는 대로 생각한다고 코치처럼 생각하고 건설적인 피드백을 줄 수 있는 것이 아니다. 실제 코치들이 코칭과 멘토링, 트레이닝 기법을 공부하듯 나도 나 자신의 좋은 코치가 되기 위한 연구가 필요하다. 비록 전문적이지는 않더라도 말이다.

기본적으로 코칭은 다음과 같은 기본 철학에 바탕한다.

첫째, 모든 사람은 성장 가능성을 가지고 있다.

둘째, 모든 사람은 자신의 삶에 대한 책임과 권한을 가지고 있다.

셋째, 모든 사람은 자신의 목표와 가치를 스스로 결정할 수 있다.

타인을 코칭의 대상으로 생각하면 당연한 이야기로 생각될 것이다. 하지만 이러한 기본 원칙을 자기 자신에게 적용한다면? 과연 내게도 당연한 이 철학에 바탕하여 스스로를 멘토링하고 자신에게 피드백을 주고 있을까?

○ ● ○

나 역시 지나간 일이나 안 되는 일에 미련을 가지고 후회하는 말, 실패를 비난하는 말이 머릿속에 떠오를 때가 많다. 아마 이 책을 읽고 있는 독자분들도 그런 경험을 해보았을 것이다. 마음이 찜찜하거나 너무 후회스럽거나, 불만과 짜증이 가득해지면 나 자신에게 방금 어떤 말을 했는지 한 번 적어보길 권한다. 하고 싶은 말을 적어보는 것도 좋다.

'거기서 그거 하나 제대로 못해내다니, 바보 아냐?'
'그러니까 이 모양 이 꼴이지. 앞으로라고 달라지겠어?'
'네가 그럼 그렇지, 뭐. 도전은 개뿔, 하던 일이나 해.'

적어놓고 보면, 그야말로 자존감 도둑 같은 말들이란 걸 알게 될 것이다. 남에게 듣는다면 속상하거나 화가 날 만한 말이다. 그런 말을 나 자신에게 하고 있는 셈이다.

이럴 때 나의 치트키를 소개한다. 노트에 다음 문장을 적어보는 것이다.

'나는 나 자신의 개인 코치다! 조언이냐, 위로냐, 아니면 객관적인 성찰이냐. 지금 필요한 건 뭐지?'

이렇게 하면 내게 보다 현명한 피드백을 줄 확률이 확실히 높아진다. 장담한다.

내가 나 자신을 믿어줄 때
마음은 더욱 강해진다

'중꺾마'라는 신조어를 들어보았는가? '중요한 건 꺾이지 않는 마음'의 줄임말이라고 한다. 이런 말이 유행하는 건 그만큼 부러지기 쉬운 마음을 가진 사람이 많다는 것 아닐까?

'회복탄력성'이라는 제법 어려운 심리 용어 또한 요즘 화두 중 하나이다. 유튜브와 서점을 보면 회복탄력성과 관련된 콘텐츠들이 정말 많다.

자녀교육에 있어서도 공부를 잘하는 지능지수IQ보다 실패와 좌절을 이겨내는 역경지수AQ, Adversity Quotient의 중요성이 강조되기도 한다. 한때 지능지수보다 감성지수라며 EQ Emotional intelligence Quotient가 강조되던 것을 생각하면, 이러한 능력 지수들에도 트렌드가 있음이 실감된다.

이 모든 것이, 지금 대한민국에서 정말 많은 사람들이 자신의 마음을 지키고 내 자녀의 마음을 무장시키기 위해 애쓰고 있다는 방증 아닐까?

○ ● ○

시련을 겪더라도 꺾이거나 부러지지 않고 오히려 탄력을 가지고 회복할 수 있는 마음, 즉 강인한 마음을 가지기 위해서는 마음에도 체계적인 트레이닝이 필수적이다.

2장에서 언급한 것처럼, 마음의 근력을 강화하는 것이 중요하다.

몸의 근육을 키우기 위해서 지속적인 훈련으로 근육을 자극하며 상처를 내는 과정을 통해 성장하듯, 마음의 근력 역시 비슷한 과정을 거쳐 성장한다. 강인한 마음을 얻고자 한다면, 고통을 회피하기보다는 그것을 극복하는 과정을 통해 내적 강함을 기를 필요가 있다.

하지만 지나치게 혹독하게 자신을 다뤄서는 안 된다. 위대한 선수를 만드는 현명한 코치처럼, 점점 더 높은 한계점에 도전하는 훈련을 하되 칭찬과 보상을 통해 격려하고 응원해줘야 한다. 시합에 져서 눈물을 보이면 잘했다고 어깨를 두드려주는, 스스로에게 그런 코치가 되어야 한다. 엄격하되 나를 지지하는 코치가 항상 내 마음속에 있다니 얼마나 든든한 일인가!

내가 나 자신을 믿어주면 된다. 회복탄력성의 사전적 정의는 '역경을 발판 삼아 꿋꿋하게 다시 튀어 오르는 능력'이다. 이때 튀어 오르는 스프링의 역할을 해주는 것이 바로 자존감이다.

자존감은 돈으로 살 수 없다. 약을 먹음으로써 생겨나는 면역력 같은 것도 아니다. 애초에 자존감을 만들고 또 키울 수 있는 존재는 자기 자신뿐.

그러니 어떠한 외부 상황에도 흔들리지 않고, 나 자신을 끊임없이 격려하고 지지하자. 내 안의 가치와 가능성을 믿으며, 나 자신만큼은 세상 어떤 일이 있어도 나의 자존감을 지켜주자.

단 한 명의 내 편만 있어도
충분하다

흔히 회복탄력성을 이야기할 때 세상에 자신을 무조건적으로 지지하는 단 한 명만 있어도 그 사람은 심리적인 회복탄력성을 가질 수 있다고 한다. 당신의 '조건 없는 내 편'은 누구인가?

내게는 누구보다 든든한 내 편들이 있다.

○ ● ◐

부모님은 내가 재활치료를 하는 내내 변함없이 옆에서 지켜보며 지지해 주셨다. 홀로 서기를 위해 열심히 노력했지만,

그 과정에서 부모님의 정서적인 지지가 없었다면 분명 힘든 길이 되었을 것이다.

우리 부모님의 양육 방식은 외견상 방임 같았지만, 실제로는 내가 스스로 할 수 있도록 뒤에서 묵묵히 지지해 주시는 방식이었다. 겉으로는 내버려 두는 것 같아도, 속으로는 끊임없는 지지와 신뢰를 보내주셨다. 나에게 이러한 양육 방식이 무척 잘 맞았다.

일전에 엄마가 누군가와 통화하는 내용을 듣게 되었는데 이렇게 말씀하시는 것이었다.

"소희는 간섭하는 거 싫어해."

아, 엄마는 나를 너무나도 잘 아신다. 홀로 원룸에서 살겠다고 결심했을 때, 엄마는 그 결정을 반대하지 않고 오히려 세심하게 도와주셨다. 당신의 딸을 정말 잘 이해하고 있기 때문이었다.

이처럼 이해하고 지지해 주는 부모님이 계시기에, 나는 항상 강력한 심리적 지지대를 느끼며 살아갈 수 있었다.

공부를 시작할 때 동료가 있다면 더욱 힘이 날 것 같다고 생각했다. 나의 기존의 친구들은 학교 공부와 병행해서 수능을 준비하는 중이었다. 나와 비슷한 과정을 준비하는 친구와 같이 한다면 서로 힘을 받을 수 있을 것 같았다.

고심 끝에 인터넷에서 검정고시를 준비하는 친구들을 찾아 보았다. 시간적, 상황적 제약으로 대면해서 만나는 것은 어려웠지만, 온라인 상에서 소통하며 공부하는 것이 좋은 대안이 될 수 있을 것 같았다.

온라인에서 나와 비슷한 생각을 가진 친구들을 적지 않게 찾을 수 있었다. 그중에서도 한 친구가 특히 눈에 띄었는데, 글쓰기를 잘하는 친구였다. 자기소개를 마치 랩 가사처럼 멋지게 썼던 그 친구는, 현재 학교를 그만두고 검정고시를 준비할지, 아니면 방송통신고등학교로 전학을 갈지 고민 중이라고 했다.

무슨 용기에선지 전화를 걸었다. 친구는 자신의 상황을 자세히 설명해주었고, 이후 우리는 메일과 전화를 통해 꾸준히 소통하며 지내기로 했다. 대학에 합격해 서울에서 만나자는 목표를 세웠다. 얼굴을 한 번도 본 적 없음에도 불구하고, 우리는 놀랍도록 잘 맞았다.

친구는 수험기간 내내 많은 위로가 되어주었고, 열심히 공부하는 친구의 모습이 자극제가 되기도 했다. 혼자서 생각하면 답이 나오지 않았던 다양한 문제들도 대화하는 도중에 방법을 찾을 수 있었다. 누구나 경험해 봤겠지만, 말을 하다 보면 내 생각이 정리가 된다. 친구가 1년 먼저 대학에 갔기 때문에, 대학생활에 대한 이야기들도 나에게 좋은 정보와 영감을 주었다.

약속한 대로 우리는 1년 후 서울에서 만났다. 실제로 얼굴을 마주하니 새롭고 신기한 기분이었지만, 곧 자연스럽게 대화가 흘러갔다. 힘들었지만 성장하던 그 시절을 추억하며 그 친구와는 지금도 계속해서 연락하며 지내고 있다.

내 주변에 당장 내 마음을 알아주고 진심으로 나를 지지해 주는 사람이 없다면 만들 수 있다. 어느 누가 나의 버팀목이 될 수 있을지는 알 수 없다.

중요한 사실은 분명 그런 사람들이 존재한다는 것이다. 없다고 생각되면, 멀리서 찾지 말고 주변을 돌아보자!

나는 감정을 솔직하게 표현하고 필요할 때는 도움을 청했다. 내 주변에는 다행히도 내 마음을 알아주고 진심으로 나를 지지해 준 가족과 친구들이 있었다.

나는 별다른 일정이
없는 날이면,
잠들기 전 루틴을 통해
내일을 준비하려고 한다
———

성장의 루틴 만들기

내 인생,

매일 떠오르는
태양처럼 빛나도록

제 4장

———

나의 루틴은
최선의 회복과
최상의 상태를
위한 습관이다

내일의 하루를 바꿔놓는
잠들기 전 20분 루틴

    요즘 한창 유행하는 미라클 모닝 챌린지는 정해진 새벽 시간에 일어나 그 시간에 독서나 운동, 명상 등을 하는 것이다. 시간을 따로 내기 힘든 바쁜 현대인의 일상 속에서 건설적인 삶의 루틴을 형성하기 위한 방법이다.

    하지만 살다 보면 새벽까지 일을 해야 하는 날도 있고, 직업에 따라서는 아침에 자고 낮이나 저녁에 일어나서 일을 해야 하는 사람도 있다. 건강이나 체질 등의 이유로 이른 아침에는 힘을 내지 못하다가 밤이 되어서야 정신이 맑아지는 사람들도 적지 않다.

    중요한 것은 '새벽'이라는 시간대가 아니라 일정한 시간을 내서 '성장의 루틴'을 수행하는 데 있다.

입시 시험을 준비하던 시절, 그때는 미라클 모닝이 아니라 아침형 인간이 유행이었다. 하지만 아침에 일찍 일어나고 밤에 일찍 자는 생활습관이 좋다지만, 불행히도 나는 올빼미형 인간에 가까웠다. 밤이 깊어지면 그렇게 집중이 잘 된다. 각 잡고 공부를 하다 보면 어느 순간 몰입하고, 인지하지 못하는 사이 어느덧 동이 틀 때까지 공부한 날도 많았다.

만약 내가 아침형 인간이 되려고 한창 잘 되던 공부를 멈추고, 밤 10시에 착한 어린이처럼 잠자리에 들었다면 어쨌을까? 독자 중에도 나와 비슷한 경험을 한 분이 적지 않을 것이다. 하던 업무나 연구가 진척을 보이고 고도의 집중력이 발휘되고 있는데, 내일 새벽 미라클 모닝 챌린지를 인증해야 하니 하던 일을 그만두고 잠자리에 들어야 하는 걸까?

무슨 일이 있더라도 일찍 잠들어야 한다고 강요하는 것은 맞지 않다. 집중과 몰입의 순간을 최대한 활용해야 한다는 것을 우리는 알고 있다. 내가 가장 효율적이고 생산적인 시간을 알고 그에 맞추어 생활하는 것이, 군이 새벽에 일어나는 것보다 더욱 중요할 수 있다. 자신의 몸과 마음에 귀 기울이며 자신에게 맞는 최적의 루틴을 찾아내는 것이 가장 이상적이다.

기상 시간에 너무 집착하지 말자. 일어나는 시간은 핵심이 아니다.

미라클 모닝이란 말을 유행시킨 베스트셀러 ≪미라클 모닝≫의 원저 표지에는 '8시 전에 일어나서 인생을 바꾸는 6가지 습관The 6 habits that will transform your life before 8 AM'이라는 카피가 쓰여있다. 대다수 한국인은 8시를 이른 시간으로 여기지 않기 때문인지 한국어판 표지에서 시간을 6시로 바꿨다는 것은 잘 알려진 이야기다.

즉, 기상 시간이란 각자 삶의 방식에 맞춰 정하는 것이지

새벽 6시, 5시 같은 숫자가 중요하지 않다는 뜻이다.

아침이냐 저녁이냐도 문제가 아니다. 자신을 돌아보고 성장하기 위한 시간을 일종의 루틴으로 만들어 생활 속에 편성시키는 것이 중요하다. 그저 조용하게, 방해받지 않고 집중할 수 있는 시간이면 된다.

나는 하루 15분에서 20분, 잠들기 직전 시간에 나만의 루틴을 실천하고 있다. 보통 밤늦게까지 깨어 있기 때문에 이 시간대는 주변이 조용하고 방해받을 일도 없어 집중하기에 좋다. 특히 이 시간은 나 자신과의 오붓한 교감을 나누기에 더없이 적합하다.

루틴의 시작은 간단한 일기 쓰기다. 정해진 양식 없이 그날 있었던 일과 느낀 점을 간략히 기록한다. 가끔은 감사일기와 같이 쓰기도 하는데, 포인트는 이것이 자기 관찰을 위해 작성하는 것임을 인지하는 데 있다. (이에 관해서는 뒤에서 더 자세히 설명하겠다.)

이렇게 일기에 쓴 내용을 바탕으로, 나 자신의 개인 코치로서, 잠시 눈을 감고 스스로에게 질문한다.

'조언이냐, 위로냐, 아니면 객관적인 성찰이냐. 지금 필요한 건 뭐지?'

그에 따라 내게 적합하다고 생각되는 피드백을 준다.

그리고 코치의 관점으로 보았을 때 나 자신이 어제에 비해 얼마나 성장하였는지 점수를 매긴다. 그날의 기분이나 상황에 따라 점수는 유동적이다. 플러스 100점이 될 때도, 플러스 10점이거나 마이너스가 될 때도 있다.

이어서 몸과 마음을 이완시키는 간단한 스트레칭을 하며 오늘 하루 들떠있던 마음을 가라앉힌다. 나는 스트레칭을 거의 명상처럼 여긴다. 스트레칭으로 근육을 풀다 보면 하루의 긴장이 풀리면서 마음도 가벼워지고, 잠들기 전 마음이 평온해지는 것을 느낄 수 있다.

여기까지 진행하면 10~15분 정도가 지나간다. 이어서 다음 5분은 하루의 마무리로 매우 중요한 시간이다.

이 시간에는 명언이나 나에게 영감을 주는 문구 등 '내일을 바꿀 긍정의 한 마디'를 마음과 머리에 새긴다. 내가 나자신을 위해 쓴 맞춤형 문구들도 좋다. 내일 혹은 가까운 미래에 나에게 긍정적인 영향을 줄 수 있는 말을 고르거나, 만들면 된다.

예를 들면 다음과 같은 것들이다.

"내일은 지금까지 걱정했던 것에 대해 웃을 수 있는 날이될 거야."

"내 안에는 원한다면 언제든 깨울 수 있는, 크고 멋진 호랑이가 잠들어 있다."

"내일 아침, 나는 꿈꿔온 삶을 살기 위해 하루를 상쾌하게 시작할 것이다."

그리고 잠자리에 누워 두어 번 그 말을 머릿속으로 반복한다. 내일을 긍정적이고 건설적인 방향으로, 또는 도전적이고 놀라운 하루로 이끌어줄 주문을 내 마음에 새겨 넣는 것이다.

잠들기 직전, 의식과 무의식의 경계 속에 새겨진 긍정의 주문은 내가 굳이 인식하지 않더라도 내일 하루 동안 그 효과를 발휘할 것이다.

미라클 모닝이면 어떻고
미라클 미드나잇이면 어때!

　일상 속에서 마음의 루틴을 개발하는 것은 여러모로 긍정적인 효과를 가져온다. 나는 저녁에 별다른 일이 없는 날이라면, 되도록 잠들기 전 루틴을 통해 내일을 준비하려고 한다.

　신체와 정신은 잠자는 동안 회복된다. 나의 루틴은 수면 동안 최선의 회복, 그리고 기상 이후 최상의 상태를 만들기 위한 습관인 셈이다.

　워낙 하루 종일 체력 소모가 크다 보니 정신없이 누워 자면 아침이 찌뿌둥하기 일쑤인데, 이 루틴은 푹 잔 후 상쾌한 아침을 맞이하는 데 큰 도움이 된다.

내 루틴은 스스로 나의 성향과 체질, 상황에 맞춰 개발해 온 것이다. 누구나 자신만의 맞춤형 성장 루틴을 만들 수 있다. 매우 일정한 생활 패턴을 가지고 있고 아침에 일어나는 일이 쉽다면 아침 성장 루틴을 만들면 좋을 것이다. 나처럼 늦은 밤 잠들기 직전에 자신과의 대화가 잘 되곤 한다면, 잠들기 직전에 성찰과 명상, 긍정으로 이어지는 잠들기 직전 루틴을 짜보아도 좋다.

즉, 아침형 인간이라면 아침 성장 루틴을, 밤에 집중이 잘 되는 사람이라면 잠들기 전 루틴을 만들 수 있다.

미라클 모닝이면 어떻고, 미라클 미드나잇이면 어떤가! 더 나은 나를 위한 루틴을 만들고, 내게 알맞게 점차 조정하면서 습관화하자. 중요한 것은 꾸준히 실천하며 자신에게 맞게 조정해 나가는 것이다.

루틴은 습관을 형성하고, 습관은 행동을 결정한다. 행동은 결과를 가져오고, 결과는 성장을 촉진한다. 즉, 루틴은 성장을 위한 행동을 자동화한다. 이를 통해 우리는 자연스럽게 더 나은 자신이 될 수 있다.

루틴의 효과는 단순히 하루의 시작과 끝을 넘어, 장기적으로 볼 때 자기계발, 스트레스 관리, 생산성 향상 등 다양한 면에서 자신을 더욱 강화시켜 준다.

일기는
나를 보는 창이 되어야 한다

많은 사람이 자신이 가진 습관이나 행동 양식, 심지어 자신의 꿈과 목표조차 제대로 알지 못하며 살아간다. 친구나 가족으로부터 "너, 이런 버릇이 있어"라는 말을 듣고서야 자신의 습관을 깨닫게 되는 경우가 많다.

앞서 일기는 자기 관찰을 위하여 쓰는 것이라고 했다. 물론 감정이나 기분을 조절하기 위해 작성하는 경우도 있다. 일기장에 털어놓다 보면 마음이 풀리니까 말이다. 하지만 그런 경우에도 다시 한번 살펴보고, '아, 내가 이런 감정에 휩싸였었구나' 살펴볼 수 있어야 한다.

처음 일기를 쓰기 시작한 건 입원 생활 때였다. 그날그날 재활훈련의 내용과 결과, 그에 따른 심정을 적었다. 처음에는 기록용이었는데, 분량이 더해질수록 나의 감정 패턴과 행동 패턴이 일기장에 고스란히 드러나는 것이었다.

생각이 부정적으로 흐르기 직전이면 어떤 기분이 몰려오는지도 알 수 있었다. 뭐라 설명하기 힘든 울컥하는 감정이었는데, 그 짧은 감정이 내게는 부정적인 심리로 변환되는 신호 같은 것이었다. 일단 인지한 이후로는, 울컥하는 기분이 들면 내가 부정적인 생각에 빠지기 쉬운 상태임을 알고 스스로 생각을 조절하기로 마음먹었다. 항상 잘된 것은 아니었지만 실제로 상당히 효과를 보았다.

이처럼 매일 일기를 쓰는 것은 자기 자신을 더 깊이 이해하고, 자신의 생각과 행동을 명확히 인지하는 데 큰 도움이 된다.

일기는 하루 동안의 생활을 기록하는 단순한 행위 그 이상이다. 나의 생각, 감정, 건강 상태, 새롭게 발견한 습관이나 기호까지 알 수 있다. 내가 잘 모르는 나를 발견하는 재미가 쏠쏠하다. 가끔은 한 달 전부터 일기를 보다가 '요새 내가 이런 습관이 생겼나?' 싶어서 친한 지인에게 물어보면 "몰랐어? 너 요즘 자주 그래"라는 답이 돌아오기도 한다.

그날 경험한 사건과 자신의 반응을 통해 나 자신에게 더 나은 코칭을 제공할 수 있는 것은 물론이다.

이처럼 일기를 꾸준히 작성하면, 나 자신의 변화를 시간의 흐름에 따라 확인할 수 있다. 자신의 성장과 변화를 명확히 인식할 수 있는 기회가 된다.

또한, 일기는 자신의 장단점을 파악하고, 자신의 가치관과 목표를 명확히 하는 데 도움을 준다.

내 경우에는 자기소개서를 쓸 때 일기장을 펼쳐본 것이 도움이 되었다. 앞에서 말했듯 자기소개서를 쓸 때는 내가 어떤 사람인지보다, 회사에 내가 어떤 역할을 할 수 있는 사람인지를 어필하는 것이 중요하다. 이런 이야기를 후배들에게 하면 알기야 알지만, 막상 쓰려면 잘 생각이 나지 않는다고들 한다.

나에 대해 쓰기 힘들다면, 자신을 잘 모르기 때문이다. 일기는 나에 대해 이해하는 동시에, 필요할 때 나에 대한 정보를 제공해 주는 자료가 되어준다. 이런 자료집은 인터넷 어디서도 찾을 수 없는 것이다.

일기는 또한 스트레스 해소에도 큰 도움이 된다. 한 번 시험해 보라. 노트에 오늘 있었던 일을 한 줄 쓰고 그 아래에 '짜증 나', '속상해', '화가 나' 같은 세 글자를 쓰는 것만으로도 마음이 조금은 나아진다.

이렇게 하루의 생각과 감정을 털어놓음으로써 마음의 부담을 줄이고, 내면의 긴장을 해소할 수 있다.

나는 특히 힘들거나 복잡한 일을 겪을 때면 컴퓨터를 켠다. 쏟아내야 할 말이 너무 많아서 손으로는 다 쓰지 못할 정도인 날이다. 이렇게 하면 마음이 한결 가벼워지곤 한다.

짧든 길든, 꾸준히 작성하고, 일정 기간이 지난 후 그것을 다시 읽어보면, 과거의 자신과 현재의 자신을 비교하고 성찰하는 기회를 가질 수 있다. 나는 자기 관찰이 자신의 내면을 깊이 이해하고, 성장과 변화를 이끌어내는 데 매우 중요한 과정이라고 생각한다.

무엇이든 인식하고 이해하면 조절할 수 있다. 내 감정 패턴을 알아차리면 감정조절 능력을, 내 반응 패턴을 이해하면 행동조절 능력을 더할 수 있다. 내 생각의 흐름을 파악하면 사고가 부정적으로 흐르지 않고, 보다 객관적으로 현명한 결정을 내리는 데 도움이 된다. 또, 어떤 상황이 혼자 처리

가능한 상황이고 어떤 경우 타인의 도움을 구해야 할지, 누구에게 도움을 청해야 할지도 알 수 있다.

이처럼 일기는 성장과 발전을 위한 강력한 도구 중 하나다. 매일 일기를 쓰는 것은 단순히 하루를 기록하는 것이 아니라, 더 나은 자신으로 성장하기 위한 하루하루의 노력이며, 그 자체로 큰 가치가 있는 일이다.

작은 성취의 기쁨을 쌓아라,
성공의 스노우볼을 굴릴 때까지

　누구나 성취욕을 가지고 있지만, 종종 이상과 현실 사이의 괴리로 인해 좌절을 경험하곤 한다. 대부분의 사람은 심리상 한 번 '안 되네'라고 생각하면, 자신도 모르게 앞으로의 도전에 관해서도 '안 될 거야'라고 생각하기 쉽다. 조금이라도 일이 꼬이거나 원하는 대로 흐르지 않으면 '거 봐, 역시 안 되는 거야'라고 여기고 결국엔 그게 진실이 되는 악순환에 빠지기 쉽다.
　부정적인 생각의 순환고리가 만들어지는 것이다.

　그래서 당장 해결되지 않는 문제나 실현 불가능해 보이

는 목표보다는, 손쉽게 달성할 수 있는 작은 목표들부터 시작하는 것이 중요하다. 예를 들면 20분 일찍 일어나기, 하루를 마무리하며 일기 쓰기, 네 페이지 이상의 책을 읽기, 유튜브 시청 10분 줄이고 10분 명상하기 등 소소한 목표를 설정해서 체크리스트를 만든다.

그리고 매일 체크 박스에 자신 있게 달성 여부를 표시한다. 이렇게 √가 가득한 체크리스트가 쌓여갈수록 성취의 맛을 느낄 수 있으며, 잠들어 있던 성취욕을 깨우는 계기가 되어준다.

앞서도 말했지만, 내가 이 방식을 처음 만든 것 역시 재활훈련 때였다. 재활 과정은 일정하게 꾸준히 나아지는 것이 아니었다. 때로는 급속도로 회복되는 듯하다가도 갑작스러운 침체기에 빠지는 계단식 회복을 경험했다. 그럴 때마다 신체적, 정신적으로 힘이 빠지기 일쑤였다. 재활을 중도에 포기할 수는 없으므로, 지속적으로 훈련할 수 있는 방법을 모색했고, 그 해답으로 나온 것이 바로 체크리스트였다. 나만의 체크리스트를 통해 몸 상태를 꾸준히 점검하고, 목표 달성의 작은 성취를 통해 재활훈련에 필요한 동기를 부여받을 수 있었다.

이런 체크리스트는 대학 입시와 로스쿨 시험을 준비할 때도 도움이 되었다.

각 과목별로 달성해야 할 구체적인 목표를 체크리스트에 적는다. 그리고 매일 아침 그날의 학습 계획을 세우고 체크리스트에 기록했다. 저녁에는 그날의 학습을 되돌아보며 체크한다.

체크리스트는 절대 거창하지 않아도 된다. 나는 연습장 한 권을 사서 한 페이지를 3등분으로 접었다. 그렇게 2페이지를 합치면 6칸이 생긴다. 각 칸마다 월, 화, 수, 목, 금, 토까지 계획을 작성한다. 일요일은 쉬는 날이기도 하니, 일요일에 하고 싶은 게 있다면 토요일 칸 밑에 짤막하게 작성했다.

공부는 때로는 외롭고 지루한 활동이다. 하지만 체크리스트를 통해 작은 목표를 하나씩 달성해 나가며 스스로에게 동기를 부여할 수 있었다. 특히 어려운 과목을 마주했을 때, 체크리스트가 훌륭한 길잡이가 되어 주었다. 분명한 목표가 있으니 공부에 대한 불안감이 줄고, 더욱 집중하여 학습할 수 있었다.

나아가 매주 체크리스트를 리뷰하며, 학습 방법과 습관을 점검하고, 어떤 부분이 개선되었고 어떤 부분이 더 발전이 필요한지 확인할 수 있었다. 이를 통해 더 나은 학습 계획을 세우고, 효과적으로 시간을 관리할 방법을 찾을 수 있었던 것은 물론이다.

작은 성공의 경험을 벗어나, 약간은 버거운 정도의 목표를 설정하고 체크리스트를 작성할 수도 있다. 이때 가장 중요한 것은 목표 자체의 성공 여부가 아니라, 그 과정에서 얼

마나 성장하고 발전했느냐이다. 목표를 성공에만 집중하다
보면 실패를 두려워하거나, 혹은 성취 자체를 등한시하게 될
수 있다. 설사 해내지 못하더라도 그 과정에서 배움을 얻는
것이 중요하다.

  작은 목표를 설정하고 달성하는 체크리스트는 자신을 더
잘 이해하고, 자기 조정 능력을 향상시키며, 지속적인 성장
과 발전을 이루는 데 분명 도움이 된다. 더 나은 자신으로
성장하고자 한다면, 오늘부터라도 작은 목표들을 설정하고,
이를 체계적으로 관리하며, 작은 성취를 통해 큰 성장을 이
루어 나가자.

나만을 위한
긍정의 주문을 만드는 방법

잠들기 전 루틴에서 가장 중요한 것은 마지막 단계인 '내일을 바꿀 긍정의 한 마디'를 마음과 머리에 새기는 것이다. 명언도 좋고, 책에서 찾은 문구, 영화나 드라마 속 명대사도 좋다. 여기서는 내 상황과 목표에 따라 맞춤형 확언을 만드는 방법을 이야기하려고 한다. 이런 문구를 '확언'이라고 하는데 '이루고자 하는 목표가 이미 이루어지고 있는 것처럼 단언하는 긍정적인 진술'이라는 뜻이다.

확언을 만드는 첫걸음은 내가 바꾸고 싶은 삶의 특정 영역을 깊이 있게 이해하는 것이다. 어떤 변화를 원하는지, 왜 그 변화가 중요한지 명확히 해야 한다. '정확히 무엇이 달라져야 하는가?'라는 질문에 답하기 위해서는 자기 자신을 깊이 관찰하고, 일상에서 반복되는 문제를 일으키는 습관이나 행동을 찾아야 한다. 이를 통해 변화의 핵심을 파악하고, 그에 맞는 강력하고 직관적인 확언을 만들어야 한다.

확언을 만들 때는 긍정적이고 구체적이며, 자신감을 불러일으키는 메시지가 될 수 있도록 해야 한다. 이 메시지는 간단하고 명확해야 하며, 반복해서 자신에게 상기시킬 수 있을 정도로 힘이 있어야 한다.

예를 들어, '나는 매일 성장하고 있다', '나는 오늘도 최선을 다할 것이다'와 같은 문구가 이에 해당한다. 자신의 현실과 목표에 맞게 확언을 조정하고 맞춤화하는 것이 중요하다.

수능 공부를 할 때 내게 큰 도움이 되어준 특별한 확언이 하나 있었다.

"할아버지, 최선을 다하겠습니다. 꼭 끝까지 지켜봐 주세요."

자기 전 매일 밤마다 하루도 빠짐없이 외친 말이다. 당시 할아버지가 돌아가신 지 얼마 되지 않은 시점이었다. 어릴 적 첫 손녀라고 나를 많이 예뻐해 주시던 할아버지셨다. 어린 마음에 할아버지께 기도하면 수호천사처럼 나를 지켜줄 것만 같았다.

확언을 만든 후에는 이를 일상에서 반복적으로 사용하는 것이 중요하다. 내 경우 우선 잠들기 전 루틴 때 메모장에 확언을 적어 머리맡에 두고, 누운 채로 3~5분 정도 머릿속으로 되새김질한다. 그리고 아침에 일어나자마자 한번 더 확인한다. 중요한 일이 있거나 컨디션이 좋지 않은 날에는 수시로 외우며 긍정적인 에너지를 불어넣는다.

확언은 일회성이 아니라 지속적으로 리뷰하고 개선해야 하는 것이다. 자신의 변화와 성장에 따라 확언도 계속해서 업데이트해야 한다. 주기적으로 자신의 확언이 여전히 유효한지, 더 효과적인 방법은 없는지를 확인하고 필요하면 확언을 수정하거나 새로운 확언을 추가해야 한다. 이 과정은 자기 성장을 위한 지속적인 노력의 일부이며, 자신을 계속해서 발전시키기 위한 중요한 단계이다.

명언이나 책, 영화 속에서 나만의 확언을 찾는 것도 매우 유용한 방법이다. 이러한 소스들은 이미 수많은 사람들에게 영감을 준 강력한 메시지들을 담고 있기 때문이다.

명언이나 문구를 찾을 때는 현재 내 상황, 감정, 목표와 연결되는 내용을 선택하는 것이 중요하다. 예를 들어, 어떤 결심이 필요한 상황이라면 "작은 한 걸음이 커다란 변화를 만든다"와 같은 문구가 힘이 될 수 있다.

이처럼 자신에게 의미 있는 문구를 찾아 그것을 자신만의 언어로 재해석하거나, 조금 변형하면 개인적인 확언으로 만들 수 있다.

이렇게 해서 선택하거나 만든 확언을 정기적으로 되새기면서, 그 메시지가 당신 내면의 깊은 곳에 자리 잡게 하면, 점점 더 강력한 내면 변화를 경험하게 될 것이다.

나만의 확언을 만드는 것은 긍정적인 자기실현을 가능하게 하며, 삶을 바꾸고자 하는 강력한 의지를 내면화하는 데 도움을 준다. 자신의 꿈과 목표를 향해 나아가는 여정에서 확언은 길잡이이자 힘이 되어 줄 것이다.

오늘부터라도 자신만의 확언을 만들어 보고, 그것을 일상 속에서 꾸준히 되새기며 긍정적인 변화를 이끌어 가보자. 자신만의 확언을 통해 매일 조금씩, 하지만 확실하게 전진하고 성장해 나가는 자신을 발견할 수 있을 것이다.

상황을 크게 반전시키고 싶다면,
환경을 완전히 바꿔보라

상황을 크게 반전시키고 싶다면, 환경을 완전히 바꿔보는 것도 좋은 전략이다. 인생의 판도를 바꾸고자 할 때, 물리적인 환경의 변화는 의외로 큰 영향을 끼칠 수 있다. 새로운 도시, 새로운 집, 심지어 새로운 사무실이나 책상 배열 같은 작은 변화조차도 우리의 마음가짐, 습관, 일상에 새로운 바람을 불어넣어 준다.

대입을 준비하던 시절 홀로 서기를 위해 집을 나와 원룸을 구한 것, 그리고 공기업 생활을 접고 연고도 없는 세종시에서 개업 변호사로 활동하고 있는 것은 모두 의도적인 환경 변화를 통해 삶의 반전을 꾀한 것이었다. 이러한 변화는 나에게 새로운 시작을 의미했고, 그 과정에서 나는 내적으로나 외적으로나 성장을 경험할 수 있었다.

새로운 환경은 불안과 도전의 연속이지만, 그 안에서 새로운 자아를 발견하고, 숨겨진 잠재력을 발휘할 기회를 제공한다. 예를 들어, 집을 나와 독립적인 생활을 시작했을 때, 나는 자립심과 책임감을 키우며 삶을 조금 더 성숙하게 대처하게 되었다.

또한, 새로운 도시에서의 생활은 나에게 그전에는 상상도 못 했던 새로운 인맥과 기회의 문을 열어주었다. 이는 익숙한 환경에서는 접할 수 없었던 새로운 시각과 가능성을 제공했다.

어떻게 새로운 사람들과 기회를 맞이할 수 있는지 처음에는 막막할 수 있다. 나는 도시에 적응하려면 이 도시의 사람들과 많이 어울려야 한다고 생각됐다. 내가 참여할 수 있는 게 무엇인지 고민하다가 내가 좋아하는 취미에서 찾고자 했

다. 평소 독서를 즐겨하니, 독서모임을 해보고 싶었다. '세종
시 독서모임'을 무작정 인터넷에 검색했다. 그중 '루바토'라는
독서모임에 신청서를 작성해 보냈고, 함께해도 좋다는 메일
을 받고 독서모임에 참여하게 됐다. 세종시에 있는 2030 세
대들이 주축이 되어 만든 모임으로 2주에 한 번씩 모여 선정
된 독서에 대한 이야기를 나누는 형식으로 진행됐다.

　지금도 꾸준히 독서모임을 하고 있는데 무엇보다 루바토
의 자유로운 분위기가 좋았다. 독서모임을 하다 보면 내가
당장 읽기 싫은 책이 선정될 때도 있고, 바빠서 읽지 못하고
가게 되는 경우도 있는데, 루바토는 책을 꼭 읽지 않아도 함
께 참여할 수 있어 부담이 되지 않았고, 세종시에 사는 다양
한 사람들과 각자의 생각들을 교류할 수 있는 것도 흥미로
웠다.

　환경 변화는 단순한 이동이 아니라, 삶의 방식과 태도에

변화를 가져온다. 자연스럽게 우리를 새로운 사람들과의 만남으로 이끌고, 새로운 경험을 하게 만들며, 때로는 우리가 예상치 못한 새로운 기회를 제공한다.

따라서 정체되어 있는 듯한 현재의 상황을 타개하고 새로운 도약을 꿈꾼다면, 환경을 바꿔 새로운 자극을 받는 것이야말로 활력을 되찾고 목표를 향해 나아가는 데 큰 도움이 될 것이다.

나는 다짐하곤 한다

내가 가진 물리적 한계 외에,

나를 가두는 그 어떤 프레임에도

갇히지 않겠다고

_____

나를 증명하는 법

살아 숨쉬는 한,
도전은

언제나 옳다

제5장

_____

그래,

심장이 이끄는 대로

가면 되는 거다

물리적 한계 외에
모든 것을 깨부숴라

우리 모두가 물리적으로든, 혹은 환경적으로든 각자의 한계를 지니고 있다. 그러나 타고난 한계, 불가능한 상황 속에서도 끊임없이 도전하고, 그 한계를 깨부수기 위해 노력해야 한다. 그 과정에서 우리는 꾸준히 성장하고 발전할 수 있다.

나의 물리적 한계는 명확하다. 휠체어가 바로 그것이다. 이 한계가 나의 삶 자체를 제한하는 요소가 될 수는 없다.

휠체어를 타는 것은 분명 나의 활동 범위를 제한한다. 하지만 그뿐이다. 그 외의 모든 것은 나의 의지와 태도에 달린 것이다.

주체적으로 공부해 왔다고 생각했음에도 대학은 마치 나 혼자 떨어진 느낌을 많이 줬다. 아마 이 책을 읽는 독자 중에도 공감하는 분들이 많을 것이다.

수능은 혼자 인터넷 강의를 들으면 듣고, 명확히 주어진 범위가 있어서 그에 맞춰 교과서를 보고 문제집을 풀면 됐다. 그런데 대학 공부는 달랐다. 끝도 없이 방대하게 느껴졌다. 그럼에도 내가 대학에서 무엇을 해야 하는지, 어떻게 해야 하는지 나에게 직접 다가와 알려주는 사람이 없었다. 망망대해에 혼자 떠 있는 기분이 들 때가 있다. 그때 큰 힘이 되었던 것이 교수님들이었다.

학교에 선생님들이 계셨다면 대학교에는 교수님들이 계신다. 그러나 학교에서는 선생님과 돈독한 관계로 지내면서도 대학에서 교수님과 친밀한 관계를 맺는 친구들이 많지 않다. 실제로 교수님을 찾아가는 학생들은 드물었다. 인생 선배이

자 한 학문에 대해 깊은 지식을 가지고 계신 교수님들과 1:1
의 시간은 많은 깨달음과 통찰 그리고 삶의 지혜를 준다. 나
는 다치고 나서 학교를 다니지 않았기 때문에 스승에 대한
갈증을 많이 느끼고 있기도 했다.

내가 찾아갔던 모든 교수님들은 기꺼이 시간을 내주셨다.
기특하게 생각해 주셨고, 많은 이야기를 나눠주셨다. 처음에
는 거절당하면 어쩌나, 싫어하시면 어쩌나 하는 마음도 있었
다. 수업 내용에 대한 질문도 아닌 뜬금없는 인생에 대한 질
문이라니, 뻘쭘한 기분이 들기도 했다. 하지만 나는 아직 학
생이고, 학생에게는 무엇이든 궁금한 게 있다면 그것이 누구
든 무엇이든 물어볼 수 있는 자격이 있지 않은가!

교수님들과의 만남에서 나는 생각했던 것보다 훨씬 더 많
은 것을 얻을 수 있었다. 공부에 대한 질문에 답해 주신 건
물론이고, 내 진로에 도움이 될 만한 분을 소개해 주시기도
했다. 직접 책을 쓰신 교수님께는 책을 들고 가 사인을 받기

도 하며 좋은 추억을 만들 수 있었다.

앞으로 가야 할 길을 찾지 못해 고민하고 있다면, 미래가 안개에 둘러싸인 듯 보이지 않는다면, 아니면 원하는 목표가 있는데 무엇을 공부해야 할지 모르겠다면, 혼자 끙끙 앓지 말고 적극적으로 교수님들을 찾아뵙길 권한다. 내 경우, 비록 찾고자 하는 해답은 아니라 해도 내가 구하는 부분의 작은 퍼즐은 찾을 수 있었다.

'역시 안 될 거야'라는
생각의 프레임에 갇힌 사람들

사회에 나와 다양한 사람을 만나면서, 생각보다 많은 사람들이 자신을 자신 만의 한계 안에 가두고 있다는 데 놀랐다. '할 수 있을까, 해도 될까'를 생각하다가 '역시 안 될 거야'라고 그만둬 버리는 것이었다.

앞에서 미로에 갇혔을 때, 출구를 찾는 것만이 탈출할 수 있는 방법은 아니라고 말했었다. 불도저 같은 추진력으로 강력하게 돌격하여 미로의 벽을 깨부수는 것도 탈출의 방법이다. 어쩌면 그 벽은 생각보다 약한 스티로폼으로 만들어진 것일지도 모른다.

부딪혀서 깨트려 볼 생각도 하지 않고 출구를 찾아 헤매는 이유는, '미로 안에 갇혔다'라는 생각에 사로잡혔기 때문이다.

사고의 프레임도 마찬가지다. 나라고 '교수님이 귀찮아하실 거야'라는 망설임이 왜 들지 않았겠나. 하지만 직접 경험해 보기 전에는 진짜 귀찮아하실지, 싫어하실지, 아니면 예상과 완전히 반대로 반겨주실지 알 수 없다. 상대의 마음은 내가 읽을 수도 예상할 수도 없다는 걸 기억해야 한다.

미래에 대한 예상은 또 어떤가.

앞으로 이런 일이 벌어질 거야, 저런 일이 벌어질 거야 상상하다 보면 예상은 거의 확신으로 바뀐다. 진짜 그 일이 벌어질 것만 같다. 하지만 유명한 말도 있듯이, "걱정의 99%는 실제로 벌어지지 않는다." 자기 머릿속 생각에 갇혀 버린 것이다.

○ ● ◐

타인의 마음이나 반응, 일어나지 않은 미래의 일 모두 내가 알 수 없는 것들로 가능성에 불과하다. 그럴 수도, 아닐 수도 있다. 말 그대로 확률인 것이다.

그런 프레임에 스스로를 가두는 사람들을 드물지 않게 본다. 본인은 인식하지 못할 수도 있지만, 타인의 시선으로 보면 보인다.

너무 걱정이 많은 사람.

겸손을 넘어 자신을 지나치게 평가절하하는 사람.

지나치게 자기 연민에 빠져 있는 사람.

그런 이들을 볼 때면 다시 다짐하곤 한다.

내가 가진 물리적 한계 외에, 나를 가두는 그 어떤 프레임에도 갇히지 않겠다고.

○ ● ○

물리적으로 정말 불가능한 것이 아니라면 스스로 한계를 만들지 말자. 물리적 한계 이외에 우리에게 한계란 존재하지 않는 걸지도 모른다. 한번 되돌아보자. 오히려 내가 나 스스로 한계라는 감옥을 만들어 나를 그 속에 가두고 있는 것은 아닌지 말이다.

이는 비단 개인적인 성공을 위한 것만이 아니다. 각자가 자신을 규정짓는 특정한 프레임(자기자신이 씌워놓은 것이든 혹은 세상이 씌워놓은 것이든)을 깨부수고, 한계를 넘어서려고 노력하는 것은 결국 사회에 긍정적인 영향을 미친다.

물리적 한계를 뛰어넘는 것은 개인 자신과 사회 모두에 이익이 되는 일이며, 장애 여부를 떠나 우리 모두는 각자의 한계를 극복하고 가능성을 최대한 발휘해야 하는 의무가 있다.

내 가슴을 진정 뛰게 하는
성장과 도전을 향하여

내가 다니던 회사는 금융공기업 중 탑티어에 드는 곳이었다. 그곳에 변호사로 입사하여 금융 자격증을 따고, 회사에 안착하는 듯 보였다. 적어도 겉으로는 말이다.

그런데 내 마음은 도무지 안착이 되지 않고 있었다. 안정적인 회사에 입사하여 열심히 일해온 4년, 그러나 내 머릿속은 4년 내내 고민으로 가득 차 있었다. 실무 경력을 쌓기 위해 공기업에 취직하였으나 이것이 과연 내가 꿈꿔온 변호사로서의 삶인가?

업무의 영역을 넘어, 지나치다시피 한 '안정성' 또한 내 마음을 불편하게 했다.

무엇보다도 체질이 아니었다. 부딪히고 돌진하여 쟁취하던 삶에서, 가만히 앉아 정주하는 삶이 된 기분이었다.

쑥쑥 크던 나무에서 밑동만 남아 더 자랄 가능성이 없는 그루터기가 된 기분이랄까. 성장에 대한 열망으로 마음이 근질근질 대더니, 마침내는 참을 수 없을 정도가 되었다.

○ ● ○

퇴사에 대한 고민을 털어놓자, 예상대로 대부분의 주변 지인들이 말리며 말했다.

"남들은 못 들어가서 난리인 회사를, 잘 다니다가 갑자기 왜 그래?"

"집 나오면 고생이고, 회사 나오면 지옥이야."

"네가 아직 철이 덜 들어서 금융공기업을 나올 생각을 하는구나."

실은 나도 두렵고 무서웠다. 이제 적지 않은 나이, 스스로

안정적인 기반을 파괴하는 것이 아닌가 생각되기도 했다. 하지만 그즈음 나는 내 열정의 원천을 또다시 찾고 있었으니 그것은 바로 성장이었다. 20대 중반까지 변호사라는 직업 자체가 꿈이었다면, 이제는 내가 꿈꾸던 변호사로 성장하리란 상상이 가슴을 뛰게 했다.

그래, 심장이 이끄는 대로 가는 거다.

안정적인 회사에서 정년까지 일하면 그 분야에 관해 전문성을 가지게 될 수 있을 것이다. 그런 미래의 내 모습을 머릿속에 그려 보았으나 지루하게만 느껴질 뿐 전혀 가슴이 뛰지도, 흥미롭지도 않았다.

그에 비해 '회사를 나가 다른 도전을 한다면, 어떤 도전을 통해 얼마나 도약할 수 있을 것인가?'라는 스스로 질문을 던지는 것만으로도 마음이 설레었다.

무엇이 더 좋고 나쁘고는 없다. 단지 나의 성향이었다. 나는 애초에 도전과 성장, 그 자체를 즐기는 성향이 더 강한 것이다.

그렇게 나는 4년 간의 금융공기업 생활을 마쳤다. 일반 로펌 취업에 번번이 실패하여 슬럼프를 겪은 후 누구보다 노력하여 입사한 회사. 그리고 법학밖에 모르던 내가 관련 자격증까지 따며 금융법학이라는 새로운 분야에 눈뜬 계기가 된 회사. 한 때 터전이었던 직장을 뒤로하고, 나는 개업 변호사로서 또 다른 길로 들어섰다.

처음에는 몰랐다. 개업 변호사로 활동하겠다는 내 결정이 얼마나 험난한 자영업자의 길이 될지. 경상도가 고향인 내가 세종시를 선택한 이유는, 로스쿨 선배 한 명이 세종시에서 개업을 했기 때문이었다. 그 외는 전혀 연고가 없었기에 세종시는 나에게 완전히 낯선 곳이었다.

익숙한 지역이나 지리가 아닌 곳에 생활의 터전을 잡는

것만으로도 쉽지 않은 일이다. 하물며 사업을 하는 것은 오죽하겠는가.

하지만 시간이 흐르며, 이곳의 일상과 사람들의 삶이 내 눈에 들어오기 시작했다. 오히려 지역의 일감이 보이고, 사람들의 생활이 보이기 시작했다. 그렇지 않은가, 모든 일은 관찰자가 가장 잘 파악한다. 새로운 곳에서 나는 새로운 관점을 얻을 수 있었다.

물론 휠체어를 탄 채로 재판에 나서는 길은 여전히 험난하다. 건물마다 접근성을 고려해야 하고, 때로는 예상치 못한 장애물에 막막해지기도 한다. 하지만 나는 포기하지 않았다. 못할 것은 없다고, 스스로에게 계속해왔던 말을 지금도 매일 되새기고 있다.

이러한 도전은 예상치 못한 기회를 주었다. 다양한 클라이언트를 만났고, 그들의 삶에 관여할 수 있었다. 네트워크 또한 점점 확장되었다.

어떤 환경이든, 내가 처한 상황이 어떻든, 그 안에서 나만의 길을 찾을 수 있다. 휠체어를 타고 있는 나도, 새로운 도시에서 개업한 나도, 남들과 다른 나만의 방식으로 성공할 수 있다는 것을 증명하는 중이다. 나의 도전이 많은 이들에게 영감을 주길 바라며, 나 자신 또한 더 큰 도전을 계속하기 위하여 용기를 내고 있다.

나는 계속해서 도전할 것이고, 나의 한계를 넘어서는 삶을 살 것이다. 나는 오늘도 변호사로서, 그리고 한 인간으로서 나아간다. 내 삶은 험난한 길일지라도, 그 길 위에서 나는 가장 빛나는 순간들을 맞이하고 있다. 반짝이는 삶의 순간은 앞으로도 계속될 것이다.

시험공부는 엉덩이로 하는 것,
모르면 암기하라

지금은 보다 폭넓은 공부를 추구하지만, 살다 보면 특정한 목적을 가지고 일정 이상의 점수를 받기 위한 공부를 하게 된다. 검정고시, 수능시험, 로스쿨 시험, 변호사 시험, 공기업과 금융자격증 등이 그것이다. 내 삶의 절반은 거의 시험 준비의 연속이었다 봐도 무방할 정도다. 모두 다 한 번에 합격했다고 하면 다들 그 비결을 묻는다. 내 대답은 간단하다.

"시험공부는 엉덩이로 하는 겁니다!"

일단 책상 앞에 앉으면, 먼저 마음가짐을 다잡았다. 이 시간이 내 미래를 만드는 결정적인 순간이라고 생각하며, 지금 여기에 100% 집중하자고. 마음이 흔들릴 때마다, 나는 입시를 준비하던 그때를 떠올린다. 원룸에서 홀로 일어나면 가장 먼저 책상 앞에 앉는 것이 일과의 시작이었다. 그리고 일단 오늘의 목표를 정리한 후에 다음 일과를 시작했다.

책상에 앉으면, 주변의 모든 유혹을 차단하고 오직 공부에만 집중했다. 스마트폰은 멀리 두고, 시계만 가까이 두어 시간을 체크했다. 이런 작은 습관들이 모여 큰 집중력으로 이어졌다.

한번 책상에 앉으면 최소 2시간은 자리를 뜨지 않는 것을 원칙으로 삼았다. 처음에는 쉽지 않았지만, 이러한 습관이 내면의 힘을 길렀다. 무엇보다 중요한 것은, 이해가 되지 않는 내용도 끊임없이 반복하며 암기했다는 것이다. 처음에는 기계적으로 외우기 시작했지만, 시간이 지나면서 자연스럽게 이해가 따라왔다. 이런 방식으로 한 과목 한 과목씩 정복

해나갔다.

　이 과정에서 깨달은 것은, 끊임없는 노력과 집중력이 결합될 때 비로소 목표를 달성할 수 있다는 것이었다. 나는 늘 책상 앞에 앉을 때마다, 지금의 태도가 훗날의 결과를 만든다는 마음가짐으로 임했다. 꾸준함과 끈기는 결코 배신하지 않는다. 그러한 믿음을 가지고 나는 오늘도 한 걸음 한 걸음 나아가고 있다.

뛰어넘기 위해
공부와 독서는 필수다

　시험공부만이 공부는 아니다. 보통 30대를 넘어서면 그다음부터는 보다 존재론적인 가치를 입증하기 위한 공부가 필요해진다. 즉, 성장을 멈추지 않는 존재로서 자신을 증명할 공부 말이다.

　이런 공부의 분야는 다양하다. 자기 분야의 공부도 공부이고, 생계와 무방하게 배움의 기쁨을 주는 공부도 공부다. 진리를 좇거나, 호기심을 해결하는 것도 마찬가지다.

　그런 이유로, 더 이상 시험을 위해 공부하지 않아도 되는 시기가 왔음에도 공부가 절실했다.

나는 사고 이후 계속해서 크고 작은 한계를 경험해 왔다. 일상에서나 혹은 시험 같은 특수한 상황에서나 말이다. 사람이 한계에 부딪히면, 자연스럽게 부정적인 생각이 들게 된다. 자신의 가치를 의심하고, 스스로의 가치를 무시하는 말을 하게 되기도 한다. 이것이 내게 얼마나 치명적인지 깨달은 후로 나는 쉽게 좌절하지 않기 위한 다양한 심리적 기술들을 배우고, 실천해 왔다.

그러나 감사 일기, 성공 체크리스트, 잠들기 전 루틴 등 모든 것이 항상 100%의 효과를 내는 것은 아니었다.

내 삶에서 나를 절대 배신하지 않는 한 가지, 확실한 효과를 보증하는 한 가지가 있었다면 그것은 공부였다. 내게 있어 공부는 단순히 지식을 습득하고 입시에 대비하기 위한 것, 그 이상이었다.

장시간 앉아서 집중하다 보면 느껴지는 고통과 통증을 참고 목표한 데까지 진도를 마쳤을 때, 성취의 희열을 느낄 수 있었다. 모두가 어렵다고 입을 모으는 시험들에 합격함으로써 나는 비록 몸의 한계는 있을지언정 정신력의 한계는 없다는 것을 입증해 냈다.

10대와 20대 초반에는 나 자신에 관해 부정적인 방향으로 생각이 흐르곤 해서 애를 먹었지만, 이제는 나의 공부 궤적만 돌이켜 보아도 그런 생각이 쉽게 사라지곤 한다. 이렇게 나 자신에게 나를 입증할 수 있었던 것 또한, 공부의 효과였다.

○ ● ○

우리는 모두 태어날 때부터 각자의 장점과 특성을 가지고 있다. 하지만 그것들을 인식하고 활용하는 것은 쉽지 않다. 이런 경우, 공부는 자신에 대한 새로운 시각과 가능성을 제시해 준다.

공부를 하고 책을 읽으면서 나는 다양한 분야와 주제에

대해 배우며, 변호사라는 꿈을 발견할 수 있었다. 나의 하루를 채우는 멋진 명언과 문구들을 발견하는 곳 역시 대부분 책 속에서다.

○ ● ○

책은 지식의 보고이자, 생각의 신선함을 유지하는 샘물이며, 삶의 다양한 가능성을 탐색하는 필수적 도구다. 바쁘게 변화하는 현대 사회에서 최적화되기 위해서는 항상 고전과 신간 도서를 함께 읽어야 한다고 믿는다.

고전은 시대를 뛰어넘는 지혜와 교훈을 담고 있어, 인생의 근본적인 문제에 대해 깊이 있는 통찰을 제공한다. 반면, 신간 도서는 최신 트렌드, 기술 발전, 현재 사회의 변화와 같은 현대의 문제에 대한 정보와 해법을 담고 있어, 현재와 미래에 대응하는 데 필수적이다.

물론, 모든 사람이 책 읽기를 쉽게 시작할 수 있는 것은 아니다. 바쁜 일상 속에서 책을 한 페이지라도 읽는 것이 부담스러울 수 있다.

그럴 때 나는 종종 인터넷 서점에 들어가 책을 구경하는 것만으로도 큰 도움이 된다고 느낀다. 새로 나온 책들의 표지를 보고, 목차를 훑어보며, 간단한 서평을 읽는 것만으로도 새로운 아이디어를 얻고, 어떤 책을 읽을지 영감을 받을 수 있다.

책을 읽는 것은 단순히 정보를 얻는 행위를 넘어서, 사고를 확장하고 비판적 사고 능력을 키우며, 창의력과 상상력을 발전시키는 과정이다. 책은 다양한 시각을 제공하고, 새로운 아이디어를 불어넣으며, 기존의 관념에 도전하게 만든다. 이는 특히 변화가 빠르고 복잡한 현대 사회에서 필수적인 능력들이다.

이는 또한 자기계발의 중요한 수단이기도 하다. 우리가 읽는 모든 책은 개인의 성장과 발전에 기여한다. 트렌드에 관한 책이나 경제서부터 고전 문학, 과학, 예술에 이르기까지 다양한 책들은 우리의 지식을 확장하고, 삶을 보는 관점을 깊게 하며, 개인의 역량을 강화하는 데 도움이 되어 준다.

독서 또한 공부의 일종이다. 우리가 더 넓은 세상을 경험하게 하고, 더 깊은 사고를 할 수 있게 하며, 더 나은 삶을 살기 위한 공부. 지식을 넓히고, 사고를 깊게 하며, 삶을 풍부하게 하는 공부 말이다.

자신의 전문 분야에서의 공부나 시험이나 자격 취득을 위한 수험공부뿐만 아니라, 호기심을 가지고 하는 탐구적인 공부를 포함한 폭넓은 공부를 시작해 보자.

○ ● ◐

전문 분야의 공부는 우리에게 전문성을 부여하고, 경력에 결정적인 역량을 더하며, 실제로 세상과 소통하는 방식을 개선한다.

반면 호기심을 바탕으로 하는 공부는 우리의 관점을 확장하고, 창의력을 촉진하며, 삶의 여러 가지 가능성을 탐색하게 한다. 예를 들어, 취미로 시작한 언어 공부, 역사에 대한 탐구, 예술 작품 감상 같은 활동들은 우리의 삶에 색다른 차원을 더하고, 일상에 활력을 부여해 준다. 새로운 분야의 책을 읽거나 새로운 기술을 배우려는 노력은 우리의 정신을 유연하게 만들고, 변화하는 세계에 적응하는 능력을 향상시켜 준다.

다시 말해, 우리는 단지 필요에 의한 공부나 의무감에서 비롯된 학습에 그치지 않고, 개인적인 흥미와 호기심을 따라 다양한 분야에 걸쳐 지속적으로 학습하는 태도를 가져야 한다.

독서와 공부는 단순히 지식을 쌓는 것을 넘어서, 우리의 삶을 풍요롭게 만드는 투자다. 그렇기 때문에 다양한 분야의 책을 읽고, 새로운 것을 배우며 이를 통해 성장하고, 발전해 나가는 삶을 추구하자.

지속적인 학습과 성장은 우리가 더 넓고 깊은 세상을 살아가는 데 있어 가장 확실한 동력이 되어줄 것이다.

남에게 나를 증명하는 건 결과,
나에게 나를 증명하는 건 용기

철학자 볼테르는 인생을 카드 게임에 비유했다. 나 또한 인생이라는 게임에서 나만의 패를 가지고 태어났다. 그 패 중 하나는 장애였다. 이 장애로 인해 나는 더 많은 도전을 받게 되었고, 그것이 결과적으로는 나의 심리와 삶의 전략에 큰 도움이 되었다. 장애라는 인생의 패가 내게는 도전과 기회의 패가 된 셈이다.

내 라이벌은 남이 아니다. 과거의 나 자신이다. 나는 끊임없이 자신과의 경쟁 속에서 자기 성찰의 시간을 갖곤 한다. 과거의 나와 현재의 나를 비교하며, 미래의 나를 위해 준비

한다. 나는 나 자신과 싸울 줄 알며, 나 자신을 코칭하며 스스로를 제어하는 방법을 알고 있다. 이 이상의 강한 경쟁력이 어디 있겠는가.

지금 이 순간도 내 삶의 주인공으로서의 역할을 충실히 수행하기 위해 열심히 살고 있다고 자부한다.

○ ● ◐

남에게 나를 증명하는 것은 결과일 수 있으나, 나 자신에게 내 존재를 증명하는 것은 그 과정에서의 용기와 끈기, 그리고 지속적인 시도이다. 나는 매일 그 한 걸음을 내딛는 연습을 하고 있다. 때로는 힘들고, 포기하고 싶을 때도 있지만, 그럴 때일수록 한 걸음 더 나아가는 용기를 내야 한다.

인생이라는 게임에서 나의 패, 즉 장애를 받아들이고, 그것을 기회로 전환하는 과정은 쉽지 않았다. 하지만 이 과정을 통해 나는 인내심, 결단력, 자기 인식과 같은 중요한 인생

기술들을 배웠다. 장애를 가진 삶을 살아가면서 겪는 다양한 경험들은 나를 더욱 강인하게 만들었고, 삶을 보는 관점을 확장시켰다.

내가 겪은 도전과 시련은 단순한 장애물이 아니라, 성장과 발전을 위한 계기가 되었다. 나는 이러한 도전들을 통해 더 나은 내일을 위한 준비를 할 수 있었다.

이제 나는 모든 도전을 즐긴다. 어려움과 장애가 나를 더 강하게 만들며, 각각의 경험은 나를 더 나은 내일로 이끈다는 것을 알기 때문이다. 나는 내 인생이라는 게임에서 나만의 패를 사용하여 승리의 길을 걷고 있다. 그리고 이 길을 걷는 동안 나는 끊임없이 배우고, 성장하며, 발전해 나갈 것이다. 내 삶의 모든 도전을 받아들이며, 나 자신과의 경쟁에서 승리하기 위해 한 걸음씩, 용기 있게 나아가고 있다.

우리 모두, 자신의 인생을 완성해 나가기 위해 한 걸음씩 용기 있게 나아가자.